Interpréter les LIGNES DE LA MAIN

GUIDE COMPLET DE LA CHIROMANCIE

Interpréter les LIGNES DE LA MAIN
GUIDE COMPLET DE LA CHIROMANCIE

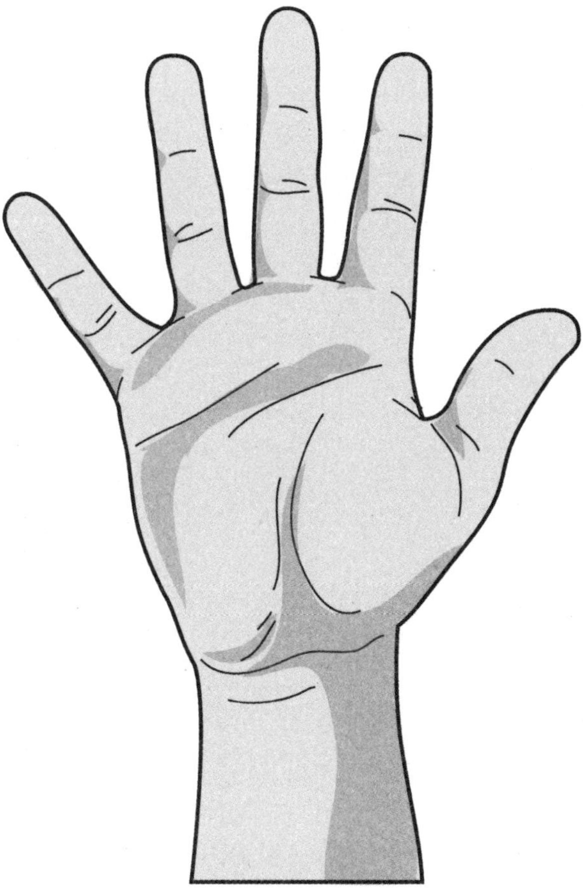

EDITIONS ESI

L’art d’interpréter les lignes de la main

La chiromancie a inspiré les poètes et fait parler les scientifiques... Cet art divinatoire, à mi-chemin entre psychologie et voyance, est une discipline puissante et mystérieuse qui ne laisse personne indifférent. Très la mode au XVIIIe et au XIXe siècles, la lecture des lignes de la main est un héritage des vagues d’immigration venues de l’Est de l’Europe, avec tout le folklore que cela évoque. Les bohémiennes et autres diseuses de bonne aventure ont laissé place à des spécialistes qui savent aussi bien décrypter les signes de bonne (ou mauvaise) santé qu’utiliser leur sixième sens pour se livrer à des prévisions qui n’ont rien d’aléatoire.

Également appelée « chirographie », cette méthode permet en effet de décrire la personnalité d’un individu, ses forces et ses faiblesses, mais aussi son histoire passée ou future. Au fil des pages qui suivent, vous allez apprendre à repérer les signes distinctifs, les caractéristiques et les différents types de main. On s’intéresse aujourd’hui autant aux lignes qui parcourent la paume et aux monts, ces petits coussinets à la base des doigts, qu’aux doigts en eux-mêmes, aux phalanges, aux ongles, à la forme générale de la main ou encore à la couleur de la peau pour délivrer un diagnostic complet.

Que ce soit par simple jeu ou pour des prédictions précises, découvrez les secrets de cette science occulte. La vérité est sans doute là, sous vos yeux... Car comme le dit l’adage populaire, le bonheur est entre les mains de chacun !

Histoire de la chiromancie

Depuis la nuit des temps, les lignes de la main fascinent les hommes. Ces marques, ces rides, qui évoluent au cours de notre vie, ne disent-elles pas qui nous sommes ? Annoncent-elles les événements qui nous attendent ?

Les gitanes, ou « bohémiennes », étaient connues comme les « diseuses de bonne aventure ».

Comme la taromancie, la chiromancie fait partie des « mancies », les sciences divinatoires.

Comme pour toutes les sciences appelées « occultes », les origines de la chiromancie se perdent dans la nuit des temps. Les Chinois l'ont-ils inventé avant les Égyptiens ? On trouve pourtant des traces dans ces deux grandes civilisations de l'Antiquité sans pouvoir affirmer qui en sont les découvreurs. La lecture des lignes de la main a énormément évolué au fil des siècles, passant de l'antre des sorcières aux salons chic du XIXe siècle, traversant le temps dans les roulottes de Madame Irma...

Il existe bien sûr des croyances et des superstitions associées à chaque époque : pour les Grecs, la chiromancie était une technique médicale, un moyen d'établir un diagnostic. Et même si l'exactitude du texte est discutée parmi les spécialistes, on attribue à Aristote, philosophe grec du IIIe siècle avant J.-C., la paternité d'un traité de chiromancie. À l'opposé, en Inde, les Védas enseignaient les signes divins et spirituels visibles sur les mains.

Dans *L'Art de connaître l'avenir par la chiromancie*, Johannès Trismégiste écrit en 1845 que cet art se retrouve même dans la Bible : « *Job affirme que le ciel a mis dans la main de chaque mortel le secret de sa destinée…* » Toutes les civilisations, toutes les religions se sont posé la question. Pourtant l'Église catholique rejette formellement sa pratique, comme toutes les sciences divinatoires, la voyance et le spiritisme.

Culturellement, la lecture des lignes de la main est étroitement associée à la communauté Rom, où tziganes et gitans sont réputés pour leur connaissance de cette technique. Depuis le Moyen Âge et jusqu'à aujourd'hui, les grandes villes d'Europe et du monde ont toujours été sous l'emprise de ces diseuses de bonne aventure, tantôt accusées de charlatanisme, tantôt craintes pour leurs fulgurances. À mi-chemin entre parapsychologie et mentalisme, la chiromancie nécessite en effet la maîtrise de plusieurs talents. Il est question de feeling, bien sûr, mais rien n'est dit par hasard…

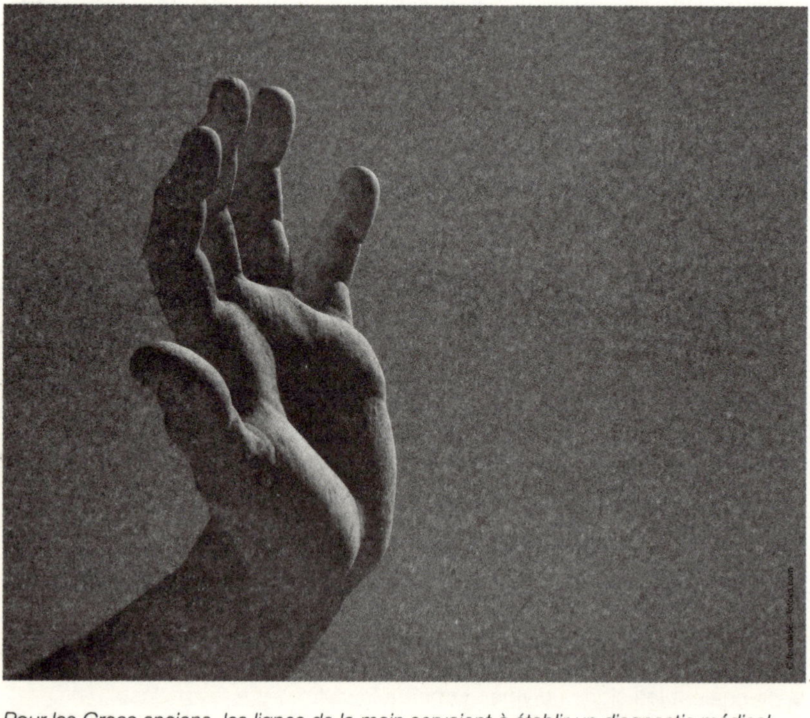

Pour les Grecs anciens, les lignes de la main servaient à établir un diagnostic médical.

Le mystérieux Cheiro

Le premier ouvrage imprimé sur le sujet semble être *De phisiognomia*, d'un certain Michael Scott : en 1477, il établit un traité de divination par l'observation des parties du corps. Les mains, les doigts et les ongles font l'objet d'un chapitre entier. Il reprend un grand nombre de savoirs oraux transmis de génération en génération, au croisement de nombreuses techniques de voyance héritées des traditions populaires.

C'est à deux Français, au début du XIXe siècle, que l'on doit l'émergence de la chiromancie moderne. Jusque-là confinés dans les caravanes et les arrière-boutiques, ils développent leurs théories selon une approche scientifique des lignes de la main. Casimir Stanislas dans *La Chirognomie* et Adrien Desbarolles dans *Les Mystères de la main* posent un éclairage nouveau sur ce mode divinatoire. Desbarolles explique ainsi que « *la chiromancie est vraie comme la nature puisqu'elle est basée sur les harmonies de la nature* ». Il porte un regard plutôt humaniste sur cette pratique et considère donc qu'elle n'est pas contraire à la morale.

Un des personnages les plus marquants de l'histoire de la chiromancie est le fameux Cheiro, de son vrai nom William John Warner. Cet Irlandais, né en 1866, s'est illustré comme médium, astrologue, numérologue et chiromancien jusqu'à sa mort en 1936. Il considérait que les personnes pouvaient porter un masque en société, se comporter selon un certain code cachant leurs véritables intentions, mais que les mains ne pouvaient pas mentir. Son charisme, la finesse de ses interprétations et la justesse de ses prédictions ont créé une véritable légende autour de sa personne. Sa popularité a

Les mancies

Du grec *manteia*, qui désigne la prédiction de l'avenir et la consultation d'un oracle, on appelle « mancies » l'ensemble des techniques divinatoires, comme la taromancie. On trouve par exemple :
- l'astragalomancie : divination à base d'osselets ;
- la cafédomancie : lecture du marc de café ;
- la céromancie : divination à base de cire ;
- la cleidomancie : divination à l'aide d'une clef ;
- l'oomancie : divination à partir des œufs cassés ;
- la pyromancie : lecture des flammes produites par diverses substances.

grandement aidé à faire émerger un véritable engouement dans l'Angleterre de la deuxième moitié du XIXe siècle. Se faisant parfois appeler Comte Louis Hamon, il a fréquenté Mata Hari, Oscar Wilde et Thomas Edison. On lui doit notamment un des guides essentiels de la chiromancie, *Le Langage de la main*, paru en 1894.

Aujourd'hui et après

La grande vogue pour l'occultisme tout au long du XIXe siècle tombe en désuétude au fur et à mesure, mais les progrès de la science n'empêchent pas les sciences divinatoires de garder une place de choix dans la culture populaire du XXe siècle. Peu connue du grand public, la psychanalyste allemande Charlotte Wolff a poussé très loin la recherche sur les liens entre médecine

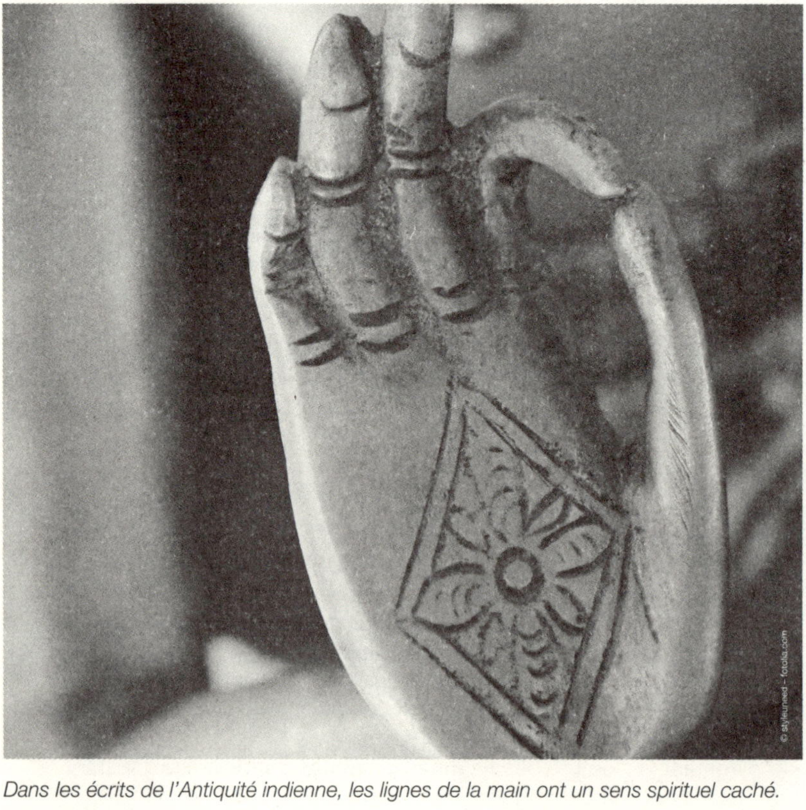

Dans les écrits de l'Antiquité indienne, les lignes de la main ont un sens spirituel caché.

conventionnelle, psychologie et forme de la main. Juive chassée d'Allemagne par les nazis et lesbienne affirmée, proche des milieux artistiques, c'est un personnage fascinant de l'histoire récente de la chiromancie. Elle a notamment travaillé auprès de personnes souffrant de handicaps mentaux. Intellectuellement opposée à l'existence même de la chiromancie, elle a tout de même démontré la véracité de certains fondamentaux en la matière : elle affirme, par exemple, que les lignes de la main ne sont pas le pur produit d'un effet purement mécanique ou organique de la peau, mais aussi d'un contexte psychologique et personnel.

L'anglais Noel Jaquin est une autre figure importante de ces dernières décennies. Célèbre tout au long du XXe siècle pour ses nombreux livres, il a présenté une approche très rationaliste de la chiromancie. Ses écrits s'appuient sur une observation minutieuse et raisonnée des mains et des marques qu'elles portent, pour établir un profil fin et détaillé de l'individu. À ce titre, il sera même le premier à collaborer avec la police anglaise. Depuis, les services de Scotland Yard ont intégré à leurs méthodes d'enquête certaines connaissances en chiromancie.

Si cette pratique est toujours décriée et parfois même moquée, la chiromancie n'en demeure pas moins d'actualité. Les séries télévisées lui ont donné un « coup de jeune », en l'intégrant dans des intrigues policières telles que *Dexter*, ou *Les Experts* où étude des empreintes digitales et perspicacité visionnaire font bon ménage. À quand l'application pour smartphone qui lit les lignes de la main ?

Mademoiselle Lenormand

Marie-Anne-Adélaïde Lenormand, parfois surnommée « la sibylle du faubourg Saint-Germain », est un personnage important de l'histoire des sciences divinatoires. Au XVIIIe siècle, c'est quasiment elle qui a imposé à la France le tirage des cartes au moyen d'une méthode de divination sans cesse publiée. Devenue une figure influente du Paris napoléonien, elle est plusieurs fois jetée en prison. Ses prévisions étaient craintes et ses lectures de la main étaient renommées pour leur exactitude.

Bien débuter en chiromancie

Vous êtes passionné par les lignes de la main mais ne savez pas comment vous lancer dans l'aventure de la chiromancie ? Ou bien vous êtes curieux et souhaiter en découvrir un peu plus ? Suivez nos conseils pas à pas…

La chiromancie permet de retrouver des traces du passé et d'entrevoir les possibles du futur.

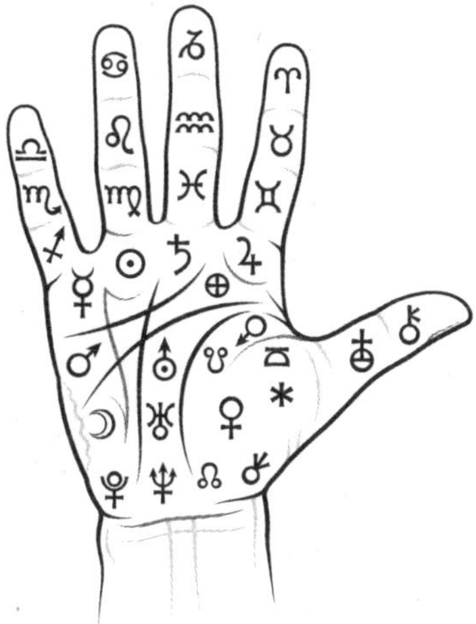

N'hésitez pas à vous référer à une carte des mains qui indique les lignes et les monts.

Allons à l'essentiel : pour faire de la chiromancie, il vous faut des mains et des yeux ! Voilà, vous êtes prêt ! Même si cette plaisanterie a un fond de vérité, les débutants ont toujours besoin de conseils pratiques pour se lancer dans ce genre d'activités. Beaucoup de croyances et de superstitions mènent à penser que la chiromancie requiert un don incroyable et un esprit particulier, c'est avant tout un jeu d'énigmes, une course aux indices... Mais pour cela, le premier aspect à prendre en compte est le cadre général de votre intervention. Bien sûr, vous croiserez évidemment quelqu'un qui vous demandera un jour de lui lire les lignes de la main sur un coin de table, entre la poire et le dessert. Mais vos intuitions et son écoute risqueraient bien d'être moins efficaces que si cela a lieu dans votre cabinet de voyance...

La chiromancie fait partie de la culture populaire depuis des siècles et sa mythologie est encore bien vivante aujourd'hui. Pour installer votre salon de chiromancie, vous n'avez pas besoin d'une chaumière dans la forêt ni d'une grotte éclairée par des cristaux magiques. La lecture des lignes de la main étant un moment très intime pendant lequel se noue un contact physique et psychique avec le consultant, une petite pièce cosy ou un coin de la salle de séjour fera très bien l'affaire. À l'aide de quelques éléments de décor qui correspondent à votre énergie personnelle, créez un cercle convivial et rassurant dans lequel le consultant se sentira à l'aise.

Prévoyez l'éclairage avec attention : il doit être suffisamment fort pour faire ressortir les petites nuances de couleur à la surface de la peau, mais pas non plus trop éblouissant. Privilégiez les lumières indirectes, les ampoules de faible intensité et évitez les plafonniers qui ont tendance à écraser les ombres dans la pièce, rendant la lecture des lignes plus difficile. Agrémentez vos séances en allumant un bâton d'encens. Si vous choisissez de diffuser de la musique, optez plutôt pour des morceaux instrumentaux qui ne viendront pas perturber l'échange.

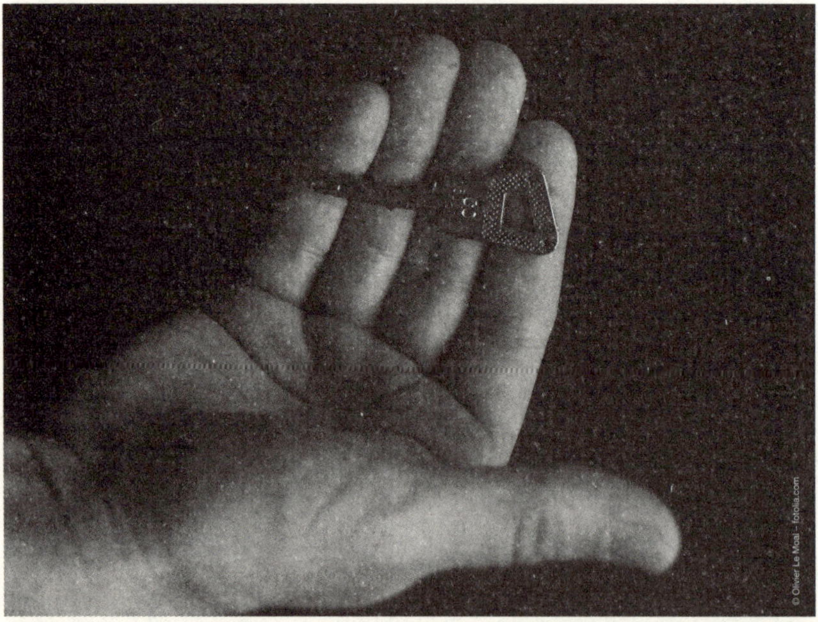

Nos mains renferment des mystères dont la chiromancie cherche la clef afin de découvrir la vérité.

Déroulement de la séance

Lorsque le consultant arrive, mettez-le à l'aise. Proposez-lui plusieurs assises si possible, de façon à ce qu'il ait la position la plus confortable. Des tensions dans le dos pourraient, par exemple, causer des crispations dans le bras et dans les mains qui fausseraient la lecture. Installez-vous à côté de la personne. C'est à ce moment que se crée le cercle de communication essentiel à la chiromancie : ne vous imposez pas auprès du consultant, gardez une légère distance. Certains chiromanciens préfèrent au contraire travailler sur table, l'un étant assis en face de l'autre autour d'un guéridon. Cela permet de regarder le consultant dans les yeux afin de renforcer le climat ésotérique de la séance.
Si cela n'a pas été convenu à l'avance, mettez-vous d'accord sur l'objet de la lecture : s'agit-il d'une chiromancie générale, comme un thème astral permet de déceler les grands traits de caractère d'une personne et les événements de sa vie ? Ou bien s'agit-il d'une question précise, d'ordre amoureux, professionnel, financier, etc. ? Expliquez brièvement votre démarche : vous êtes là pour essayer de comprendre les signes sur la main, peut-être que certaines de vos interprétations seront inexactes ou floues. Rappelez toujours que la chiromancie montre du doigt ce qui est à portée de main. Il est davantage question d'opportunité que de fatalité, de probabilité que de certitude, d'intuition que d'affirmation.
Procédez ensuite à un examen de plus en plus détaillé de la main :
- forme générale, couleur de la peau, brillance, souplesse ;
- forme de la paume et des doigts ;
- identification des trois lignes principales (vie, cœur et tête) et de leurs caractéristiques ;

Le signe du voyant

Selon la tradition en chiromancie, on peut déterminer les dons de divination en regardant quelques points précis de la main. Au premier plan, le signe le plus connu de tous : la croix sur le mont de Saturne. C'est bien souvent un indice irréfutable, d'autant plus si la ligne de destin est visible à proximité. Les caractéristiques de la première phalange de l'index peuvent aussi révéler des tendances favorables en la matière, si elle est plus fine que les autres sur une main d'eau, par exemple.

– recherche des lignes mineures, des caractères particuliers ;
– identification des monts et des interactions avec les doigts et les lignes ;
– recherche des indices ou des aspects en rapport avec la question posée.

Au fur et à mesure de cette observation, formulez à voix haute ce que vous comprenez de la personne : d'abord ce qu'elle est, d'où elle vient et enfin où elle peut aller.

Dire ou prédire ?

De temps en temps, vous pouvez relancer le consultant à l'aide de quelques questions : *« Suis-je dans le vrai ou dans le faux ? »* lorsque vous soulevez un secret ou un mystère, *« Pensez-vous à quelqu'un en particulier ? »* s'il est question

Créez une ambiance cosy et accueillante, propice à la communion entre vous et le consultant.

d'une rencontre ou d'une dispute, par exemple, « *Est-ce que vous y avez déjà pensé ?* » à propos d'un changement de carrière ou d'un déménagement... Les informations que vous transmet le consultant sont autant d'indices supplémentaires qui vous permettront d'affiner votre analyse de la main.

Pour garder votre concentration, vérifier des informations, voir des images vous venir intérieurement, n'hésitez pas à prendre un peu de recul physique et à lâcher la main du consultant. Ne vous précipitez pas sur les conclusions au cours de l'examen de la main : la paume et les lignes sont un système complexe à plusieurs niveaux de lecture. Certains aspects peuvent concerner la question posée par le consultant, tandis que d'autres peuvent brouiller votre enquête de chiromancie. Ne laissez pas la logique perturber vos intuitions : parfois, elles ne se manifestent pas tout de suite. Les moments de silence ne doivent pas vous sembler gênants ni représenter du temps perdu, ils sont utiles aux deux personnes réunies.

Évidemment, recourez autant que nécessaire aux guides, cartes, grimoires et pense-bêtes de chiromancie. En tant que débutant, personne ne pourra vous reprocher d'avoir le nez dans les livres ou sur Internet pour vérifier vos observations et approfondir vos connaissances. Mais vous devez aussi apprendre à vous détacher autant que possible de la théorie pour vous appuyer sur la confiance acquise grâce à votre expérience. Comme pour toute activité humaine, vous avez besoin d'avoir foi en vous pour vous lancer pleinement dans ce parcours plein de mystères, de questions, et peut-être de révélations !

Bibliographie

Des ouvrages de référence pour débutants :

– *Les Lignes de la main, méthode illustrée de chiromancie et chirologie*, Anne-Marie Le Masson, Trajectoire, 2009
– *La Bible de la chiromancie : un guide pratique pour la lecture des lignes de la main*, Jane Struthers, Guy Trédaniel, 2006
– *La Chiromancie pour débutants*, Richard Webster, Ada Éditions, 2011
– *Savoir lire les lignes de la main*, Hubert Montbrun, Éditions De Vecchi, 2011
– *Votre main parle*, René Brunin, Québécor Éditions, 2005

Les bases de la chiromancie

La chiromancie est un art divinatoire complexe qui repose sur des talents de psychologie et d'observation, mais aussi sur des connaissances spécifiques sur la main et ses caractéristiques. Tour d'horizon des fondamentaux.

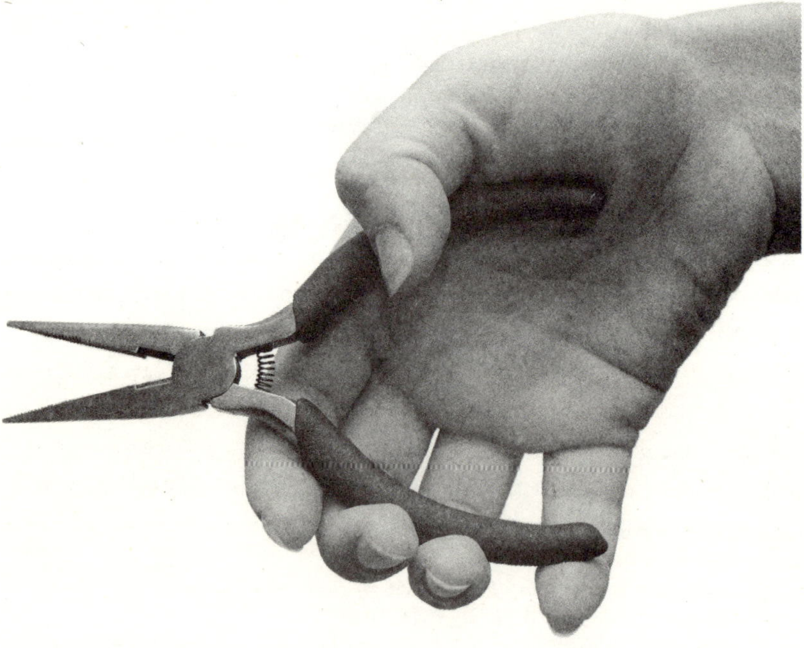

Les doigts forment une pince qui permet à la main de prendre les objets, comme une pince justement !

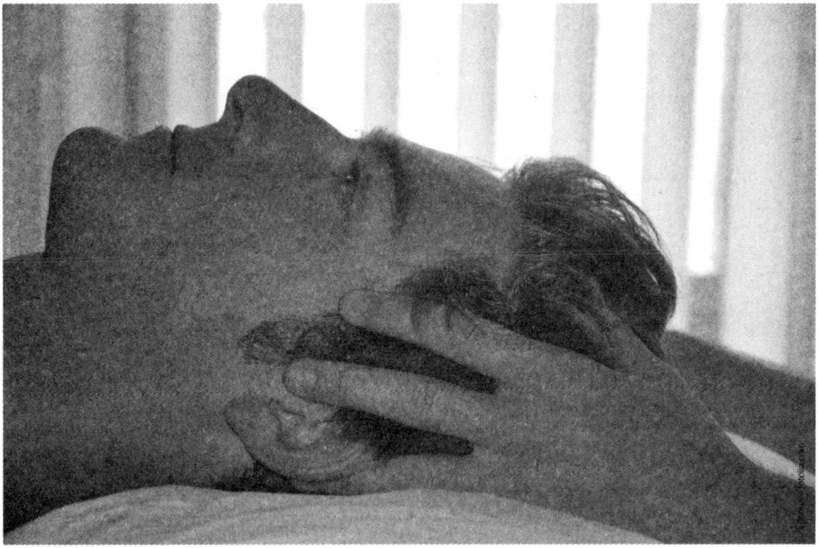

Il ne faut pas confondre la chiromancie avec la chiropraxie, médecine douce proche de l'ostéopathie.

La main est sans doute l'organe le plus complexe du corps humain. Il est dit « préhensile » car il permet à la personne de prendre les objets. Une trentaine d'os et autant de muscles sont nécessaires à son action. Cependant l'utilité de la main ne réside pas uniquement dans ses fonctions motrices mais aussi sensorielles : la peau et les nerfs permettent de distinguer les qualités et la température des choses. Enfin, elle est également un outil d'expression personnelle, accompagnant le langage parlé par une gestuelle qui appuie le discours. Les mouvements des mains font partie du « *body language* », cette expression anglaise désignant les canaux de communication non verbale émanant de notre corps : les mains sont aux premières loges et certaines personnes sont réputées pour « parler avec les mains » !

La chiromancie, comme l'astrologie, prétend expliquer le passé et le futur d'une personne en fonction des particularités et des caractères observables de ses mains. Cette technique divinatoire s'appuie à la fois sur une connaissance technique, celle des formes de la main et des lignes principalement, mais aussi sur une sensibilité personnelle à mi-chemin entre la psychologie intuitive et le mentalisme déductif. Comme en taromancie, l'inspiration du voyant, ses impressions, les images qui lui viennent tiennent autant à des moyens médiumniques qu'à une très grande conscience des moindres détails et de leur signification. Il existe une multitude de points d'entrée dans la chiromancie : les aspects généraux et le ressenti donnent une première indication, puis les particularités permettent d'affiner la consultation.

Quelle main ?

Les deux mains sont utilisées dans la lecture générale d'un profil. Traditionnellement, on considère que si le consultant est droitier, sa main gauche sera donc celle de son héritage, de son passé, de ses aptitudes et de son évolution. À l'opposé, sa main active, la droite, est lue comme la ligne du

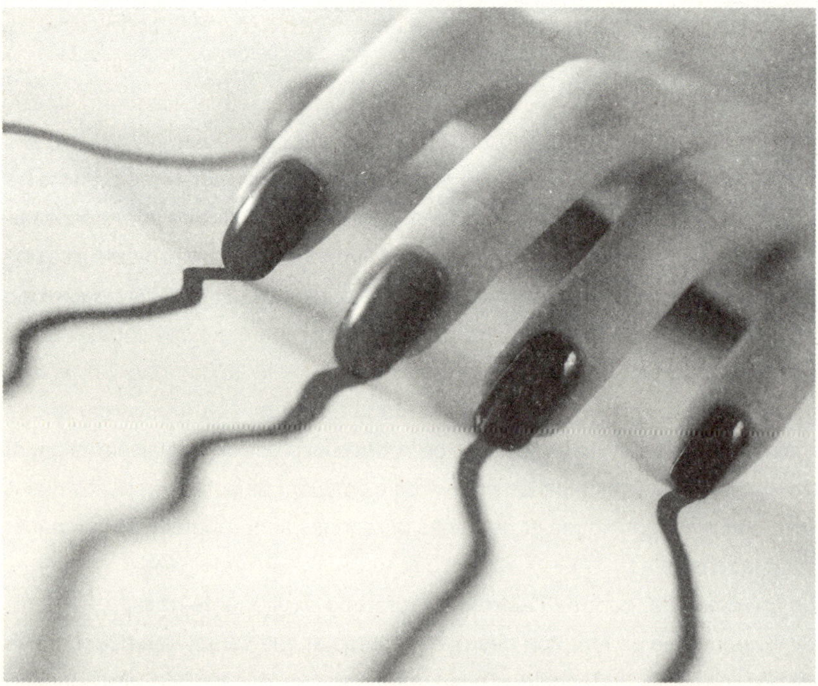

Les ongles font aussi partie de l'observation, ils peuvent révéler un tempérament hors du commun !

présent, des opportunités, de l'état d'esprit et physique et du futur... À interpréter au conditionnel ! En effet, la chiromancie offre une multitude de lectures et c'est à force d'expérience que les plus grands chiromanciens parviennent à être affirmatifs. Les débutants auront tout intérêt à se contenter d'émettre des hypothèses, s'évitant ainsi des reproches, voire des moqueries, suite à des analyses erronées... À ce titre, il est important de rappeler que les voyants, quelle que soit leur technique, doivent garder la plus grande réserve en ce qui concerne la mort des personnes vivantes au moment de la consultation.
La main passive, ou main du passé, est donc la main droite du gaucher et inversement. Elle permet de connaître les origines du consultant, son éducation, son histoire familiale et son parcours personnel, ce qu'il a laissé en cours de route et même ce qu'il a oublié. Selon certaines interprétations, la main passive ne raconte pas l'histoire du consultant mais sa personnalité intérieure, ses secrets et ses fantasmes. La main active, en revanche, est celle du ressenti, des promesses et du possible. C'est celle qui donne la bonne direction, même si parfois le chemin n'est pas aussi simple qu'on le voudrait. Selon d'autres interprétations, cette main est celle de la personnalité sociale et familiale du consultant, celle qui révèle ce que les autres pensent du consultant. Associer les deux niveaux de lecture permet d'affiner et de nuancer les interprétations permises par les particularités de la main. Chez certaines personnes, la ligne de vie courte peut être comprise comme une existence brève, tandis que chez d'autres, cela signifiera au contraire une énergie dense et intense sans donner d'indication sur la longévité.

Brûlures et cicatrices

Les marques naturelles des mains sont celles que le chiromancien cherche à interpréter avec ses connaissances, mais les marques accidentelles comme les brûlures et les cicatrices demandent des qualités de psychologue et une bonne dose d'intuition. Par déduction et dans une démarche d'empathie, elles permettent de mettre en avant les expériences passées du consultant et les drames qu'il a connus. Mais il convient toujours d'aborder ces sujets avec tact et précaution, pour éviter tout dérapage.

L'aspect général

La comparaison des deux mains au moment de la lecture est très importante. Il ne faut pas se limiter à une lecture linéaire du passé au futur en passant par le présent, mais aussi s'arrêter sur des éléments particuliers qui s'articulent dans le temps ou dans la dynamique personnelle du consultant : si la personne pose une question professionnelle, c'est en comparant précisément les monts de Mercure des deux mains que le chiromancien peut déterminer les évolutions possibles. Les événements d'antan nourrissent notre psychologie et nos attentes, toutes nos expériences nous apportent un regard particulier sur l'instant « T ». De même comprendre les actions passées sans entrevoir les conséquences qu'elles peuvent avoir au présent ne permet pas d'en saisir toutes les facettes.

Avant de s'intéresser aux caractéristiques des différents éléments constitutifs de la main, le chiromancien observe de loin l'aspect général. Les doigts sont-ils détendus ou crispés ? Les ongles sont-ils nets ou abîmés ? Les gestes

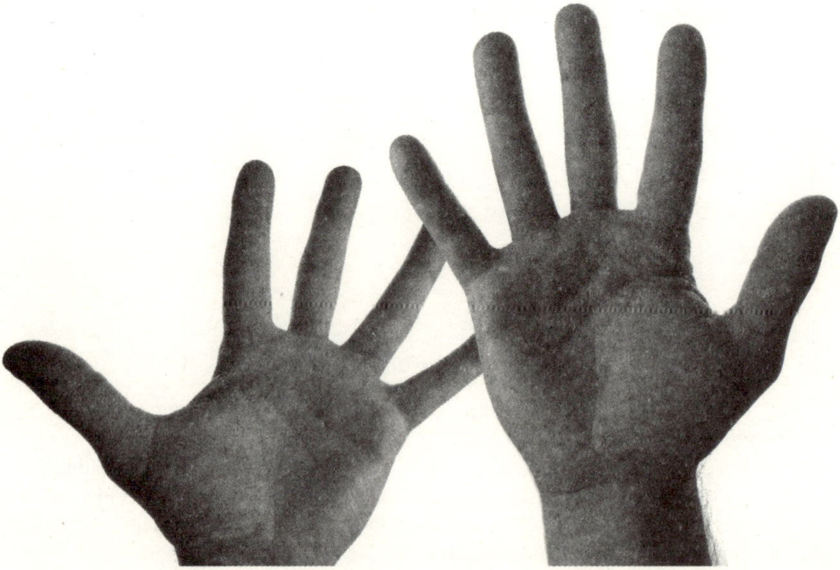

Si le consultant est droitier, sa main droite sera naturellement considérée « active ».

sont-ils fluides ou imprécis ? Les articulations semblent-elles souples ou douloureuses ? La peau respire-t-elle la santé ou la fatigue ? On croit parfois que les proverbes populaires sont des pensées pleines de clichés, mais ce sont en réalité des maximes pleines de sagesse que les chiromanciens savent interpréter : une main tendue sera toujours plus généreuse qu'un poing fermé. Sociabilité et agressivité possèdent une dimension non verbale très importante qui se dégage aussi du langage des mains. De nombreux autres états psychologiques trouvent une partie de leur expression par les mains : la nervosité, la timidité, le chagrin, la colère, l'impatience... La tendance générale permet de distinguer deux catégories d'individus : ceux qui ont naturellement les doigts écartés, que l'on dit tournés vers les autres et ouverts, et ceux qui tiennent spontanément leurs mains fermées, qui sont considérés comme plus introvertis et conservateurs. D'autres aspects des mains et des doigts sont visibles du premier coup d'œil. Par exemple, on dit que les doigts dont la première phalange (celle qui porte l'ongle) est courbée en arrière révèlent une personnalité rusée, voire une tendance à l'escroquerie.

Les différentes formes

L'observation plus précise des mains permet alors d'identifier leur forme générale. Selon les écoles de chiromancie et les périodes, cette typologie a beaucoup évolué. Autrefois, on avait établi à 7, chiffre magique par excellence, le nombre de formes.

– La main élémentaire, petite et plutôt carrée, aux doigts courts et ronds. Elle indique une personnalité simple et sympathique.

Les arts de la main

Outre la chiromancie, on trouve d'autres techniques dont le nom a été formé à partir du mot grec *kheir*, la main :
– chirologie : synonyme de chiromancie, très en vogue au XIXe siècle, revenue à la mode au XXe siècle ;
– chiropratique : médecine douce reconnue, proche de l'ostéopathie. On l'appelle aussi chiropraxie ;
– chiropracteur : professionnel de santé, titre attribué en France au bout de 6 ans d'étude. On dit aussi chiropraticien ;
– chirognomie : autre synonyme de chiromancie.

– La main en spatule, plutôt allongée, qui se distingue par la forme élargie du bout des doigts et souvent de gros ongles. Elle révèle un tempérament imaginatif et réfléchi.
– La main artistique, fine et pleine de nœuds. C'est la main des peintres et des créatifs.
– La main psychique, à la paume large et aux doigts pointus. On l'appelle ainsi car elle renvoie à la fois à des talents psychologiques mais aussi à une intuition hors norme.
– La main carrée, à la paume et au bout des doigts carrés. Elle évoque une personne sûre d'elle et déterminée.
– La main conique, allongée, avec les doigts pointus. C'est la main féminine par définition, qui dégage élégance et douceur.
– La main mixte, qui peut revêtir plusieurs caractéristiques ci-dessus. La personnalité du consultant peur alors prendre une grande variété de nuances.
Aujourd'hui, on considère qu'il existe quatre grandes familles de mains : la main d'air, la main d'eau, la main de feu puis la main mixte. La référence aux quatre éléments permet de distinguer des types de personnalité qui sont compris de tous et facilement identifiables.

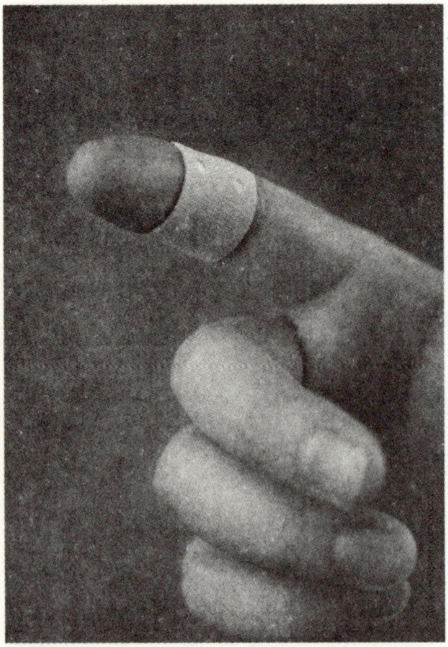

Pansements, brûlures et cicatrices peuvent perturber la lecture des signes.

Les zones principales

L'observation des lignes et de leur disposition sur la paume de la main permet d'établir quatre grandes zones qui révèlent différents aspects de la vie du consultant. En considérant la ligne de tête comme l'axe horizontal et la ligne de destin verticalement, la paume de la main est divisée en quatre.
– Au-dessus de la ligne de tête : les aspects mentaux et psychologiques.

– En dessous de la ligne de tête : la dimension physique et matérielle.
– Entre la ligne de destin et le tranchant de la main : les pulsions et les intuitions.
– Entre la ligne de destin et le bord intérieur de la main : la raison.
Ainsi, quatre zones sont déterminées :
– Au-dessus de la ligne de tête et du côté du tranchant : la zone mentale intuitive.
– Au-dessus de la ligne de tête et du côté du pouce : la zone mentale rationnelle.
– En dessous de la ligne de tête et du côté du tranchant : la zone physique intuitive.
– En dessous de la ligne de tête et du côté du pouce : la zone physique rationnelle.

Ce découpage n'a pas de réelle influence sur la lecture des monts, car ils se trouvent quasiment toujours dans la même zone : le mont de Vénus est systématiquement dans la partie intuitive rationnelle. Toutefois, le mont de Mercure (sous le majeur) peut se trouver complètement dans la zone rationnelle ou au contraire tout à fait dans la partie intuitive et dénoter une personnalité qui penche plutôt d'un côté ou de l'autre. Les marques spécifiques et le parcours des lignes sont en revanche lus très différemment selon la zone dans laquelle ils se trouvent. Intuition contre raison, quelle est la dominante de la main du consultant ?

Mains masculines, mains féminines

Si, aujourd'hui, la chiromancie ne fait pas de distinction a priori entre les sexes, on considère toutefois que les mains fines sont féminines tandis que les paumes plus carrées sont masculines. Cela est évidemment très général. Une main allongée pourra porter des signes clairement masculins, comme les doigts carrés, apportant une dimension terre à terre au caractère observé. À l'inverse, une paume bien large pourra être compensée par des doigts pointus, signes d'imagination et de sensibilité.

Pour une lecture responsable

La maîtrise des connaissances n'est pas tout : c'est l'interprétation qui fait la qualité d'une lecture des lignes de la main. Déceler les indices, les mettre en rapport les uns avec les autres et annoncer les bonnes nouvelles comme les mauvaises.

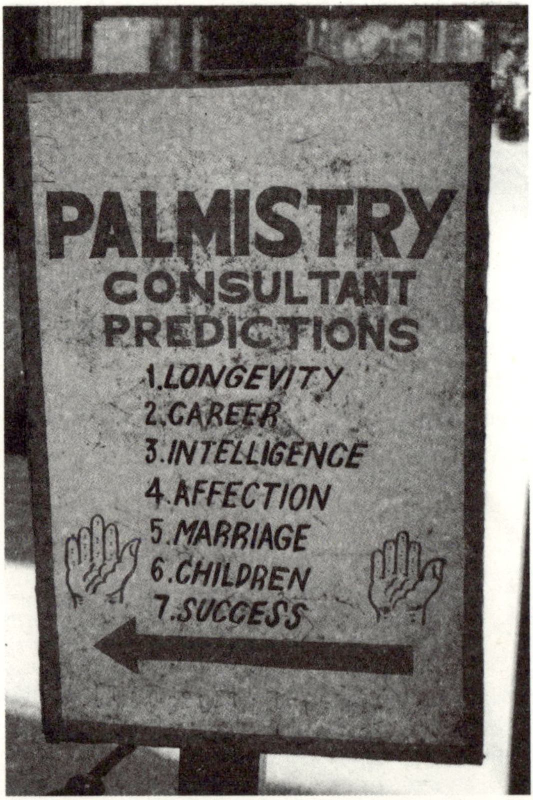

Ce cabinet de chiromancie annonce les domaines d'étude des lignes : longévité, amour, succès…

La lecture des lignes de la main exige un contact physique avec le consultant, à l'inverse des autres arts divinatoires.

La chiromancie est un art divinatoire, c'est-à-dire qu'elle nécessite autant de technique que d'inspiration. Pour commencer, comme tous les arts, la maîtrise des outils est indispensable. En l'occurrence, la connaissance des lignes, des doigts, des monts et de leurs significations variées est la base d'une lecture logique et accessible au consultant. Un bon chiromancien ne va pas s'amuser à réinventer les théories ancestrales tous les quatre matins au risque de ne plus être suivi ni compris par personne ! Les débutants qui pensent avoir un « fluide » ou posséder des talents de médium ne peuvent pas se passer de cet apprentissage basique. De la même façon que les astrologues étudient les différentes planètes et les aspects zodiacaux (appelés « transits »), ceux qui s'intéressent aux lignes de la main ont tout intérêt à s'équiper des guides nécessaires. Un peu de « par cœur » et de l'entraînement sur ses propres paumes suffiront largement à valider l'acquisition de ces informations fondamentales.

Savoir exprimer ses visions

La deuxième technique indispensable pour mener à bien une séance de lecture des lignes est la rhétorique. Derrière ce mot barbare se cache le savoir-faire du chiromancien en termes de communication, et non pas de connaissances. Ce que le voyant perçoit sur la main de son consultant prend son sens par la richesse de l'expression personnelle, par la qualité des métaphores et par l'ouverture des hypothèses. Affirmer de but en blanc « *Vous aurez trois enfants, pas un de plus !* » ou « *Votre mari va vous quitter, c'est certain…* » est une marque d'assurance qui frôle l'arrogance. Les bons chiromanciens préfèrent utiliser des tournures de phrases moins définitives : les lignes de la main ne révèlent pas ce qui va réellement se passer mais ce qui

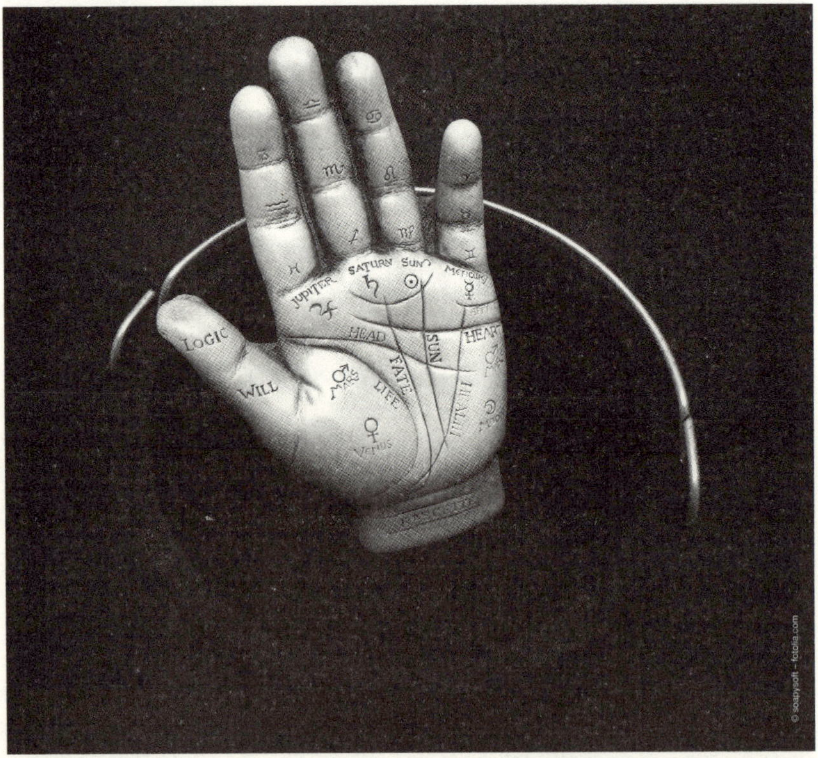

Dans les anciens cabinets de chiromancie, on trouvait souvent des sculptures de la main en ivoire.

est probable. L'emploi de dictons et de formules est donc utile dans ce cadre et le chiromancien pourra dire de façon mystérieuse « *Vous avez déjà deux enfants et, comme le dit le proverbe, jamais deux sans trois !* » ou « *Votre couple pourrait bien connaître un bouleversement inattendu…* »
Au-delà de la façon de présenter les événements, cette qualité oratoire que l'on retrouve chez beaucoup de chiromanciens s'applique aussi en ce qui concerne le déroulement d'une consultation. Quelle que soit la durée de celle-ci, il ne serait pas très malin de commencer par dire toutes les déclarations importantes dès les premières secondes : le consultant serait alors fixé sur ces annonces au lieu d'entendre tout ce que le chiromancien a à lui dire. La gestion du temps et du rythme fait donc partie des éléments essentiels dans la bonne marche d'une séance. Que ce soit dans le cadre d'une lecture générale ou la réponse à une question précise, le chiromancien commence par faire une analyse générale du présent et du ressenti du consultant, avant d'aller dans le détail, chaque observation en amenant une autre, et de parsemer son discours de révélations croustillantes ou attendues. À l'inverse, le chiromancien doit éviter absolument de se perdre dans son jargon et dans les détails : trop d'informations nuisent à la qualité de la communication.

Un peu de psychologie

Au lieu de se contenter de dérouler un discours calqué sur l'observation de la main, le chiromancien s'appuie également sur une écoute dynamique et déductive : grâce à des questions ouvertes ou à des relances neutres, il peut diriger les réactions du consultant et ainsi l'amener à se dévoiler un peu plus,

Ce que les lignes de la main nous apprennent

Les recherches scientifiques qui ont confirmé les théories de chiromancie sont peu nombreuses. Au XXe siècle, le travail précurseur de la psychologue Charlotte Wolff en est un exemple. Dans la continuité de celui-ci, une étude publiée par l'université de Barcelone en 2001 a établi un lien entre les lignes de la main et les problèmes cognitifs. D'autres scientifiques affirment que l'on peut déceler des maladies telles que les risques cardiovasculaires, l'autisme et la schizophrénie.

afin de mieux cerner sa personnalité et de resserrer le cadre des réponses. Il ne s'agit pas de « tricher » ni de chercher à deviner ce que le consultant a envie d'entendre, mais plutôt d'adopter le bon ton et de ne pas s'éparpiller dans des considérations qui n'auraient aucun sens. Par exemple, lors d'une consultation sur le thème professionnel, cela permet de comprendre les motivations réelles du consultant, au regard des indices donnés par les lignes : une personne ayant une main carrée, donc en théorie plutôt portée vers les métiers manuels, peut tout à fait avoir des ambitions intellectuelles. Il ne s'agit pas alors de les décourager mais d'identifier les qualités et les opportunités dont il dispose pour parvenir à son but. Cette approche mène à un aspect primordial de la chiromancie : la psychologie. Là où l'astrologie et la taromancie

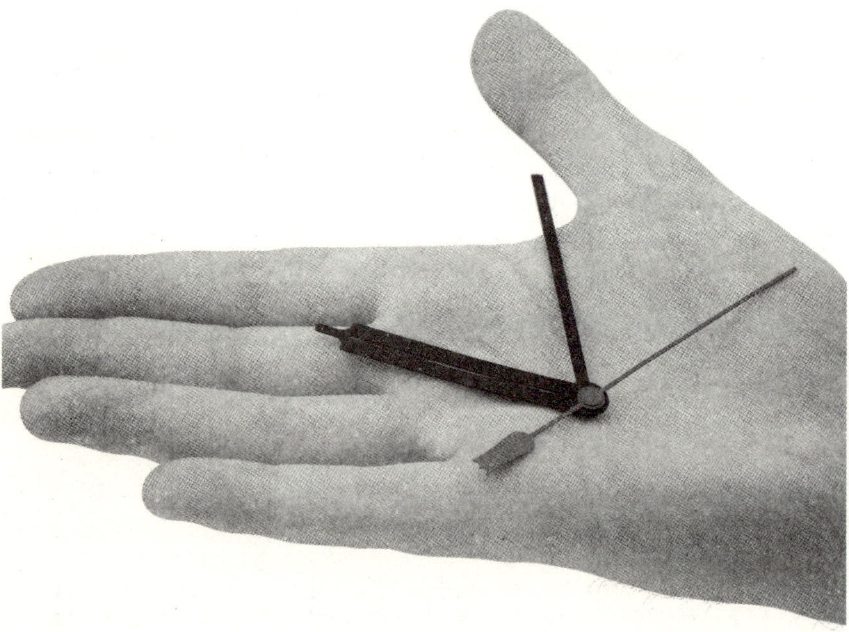

La déontologie impose d'être prudent au sujet des dates, qui peuvent être difficiles à interpréter.

s'appuient sur une multitude de combinaisons à partir d'observations astrales ou générées par le hasard du tirage, la lecture des lignes de la main demande une grande finesse d'analyse et une empathie certaine de la part du voyant. De la part du consultant, poser une question précise sur un thème donné (amour, famille, travail, argent, chance...) révèle qu'il existe une inquiétude à ce sujet. Il est donc inutile ou déplacé de se livrer à un développement excessif des autres aspects de sa vie. À l'inverse, demander une consultation générale est la manifestation d'une personnalité ouverte et curieuse, prête à prendre des risques. Toutefois, les débutants ne doivent pas s'arrêter à ces généralités mais plutôt se mettre au diapason avec les personnes qui les interrogent. Parfois, une oreille tendue et une discussion sincère ouvrent plus de perspectives d'avenir qu'une affirmation comme « *votre mont d'Apollon est désespérément plat, vous ne trouverez jamais l'amour* » !

Se comporter avec morale

En effet, la question de la bonne distance est également de la première importance. Savoir se positionner en tant que spécialiste des lignes de la main, mais pas comme un sorcier qui connaît tout du futur, est la garantie d'une bonne réputation. La déontologie joue un rôle considérable dans l'image des chiromanciens. Les voyants et médiums souffrent souvent d'une image de charlatans. Cela tient au fait qu'aucune étude scientifique ne permette de prouver la véracité des différents arts divinatoires, exceptée la chiromancie qui bénéficie d'études partiellement positives à son égard. Mais aussi car de nombreux individus se prétendent chiromanciens et abusent de la bonne foi

Une main pour l'autre

Ils sont rares, ceux comme Link, le personnage du jeu vidéo *Zelda* qui peuvent se servir indifféremment de leurs deux mains. La part dans la population est estimée à un petit pourcentage mais tous les chiromanciens ont un jour croisé un ambidextre : quelle main alors choisir pour distinguer le passé du futur ? La psychologie et le sens de l'observation du chiromancien sont alors requis pour faire la part des choses, mais on considère généralement que la main active est celle qui écrit.

de personnes en attente de réelles réponses. Devant une situation très grave ou un traumatisme profond, il faut avoir le réflexe de s'effacer et éviter à tout prix de se présenter comme un sauveur. Les choix personnels, la santé et l'équilibre du consultant sont en jeu, le chiromancien doit les respecter et ne pas se comporter en gourou.

Le respect, la confiance et la pudeur sont donc des valeurs centrales de la démarche du chiromancien. La différence avec les autres arts divinatoires se situe au niveau du contact physique qui se crée entre le voyant et son consultant, ce qui est très rare ou tout simplement inutile dans d'autres disciplines. Le chiromancien doit donc faire preuve de retenue et de justesse dans ses gestes, préserver l'intimité du consultant et ne pas brusquer ses convictions. Les personnes en proie au doute ou au désespoir sont en situation de faiblesse et il est hors de question de s'en servir pour asseoir son autorité de chiromancien. C'est pourquoi il est essentiel de rappeler que les annonces concernant la mort du consultant ou de ses proches sont à bannir : l'espérance de vie indiquée par les lignes n'est pas un sablier à l'écoulement irrémédiable. La chance et le destin, les progrès de la médecine, les circonstances extérieures sont autant de facteurs impondérables qui interdisent aux chiromanciens sérieux de statuer de façon définitive sur la fin de vie.

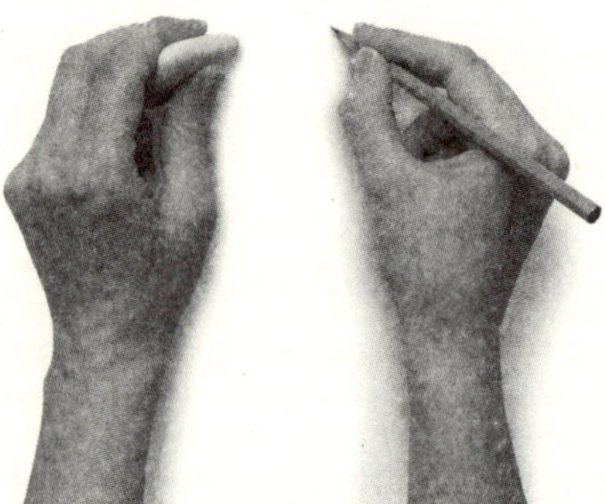

Dans le cas de personnes ambidextres, on considère que la main active est celle qui tient habituellement le stylo.

Intuition innée, expérience acquise

Car s'il est bien un talent qui ne s'apprend pas, c'est l'intuition. Tous nos conseils pour mener à bien une consultation de chiromancie ne serviraient à rien sans cette pierre angulaire. Certains sont persuadés d'avoir des dons de voyances et des pouvoirs de parapsychologie. D'autres, qui n'ont rien à envier aux médiums, sont menés par une intuition féroce et affûtée. Les débutants ont parfois du mal à se fier à leur sixième sens, préférant rester fixés aux explications détaillées de chaque ligne. En réalité, il faut apprendre à sortir du carcan théorique pour parvenir à faire le tri entre les signes visibles et les informations pertinentes. En pratiquant leur art très régulièrement, les chiromanciens maintiennent leur flair en éveil : cet entraînement permet aux visions d'êtres plus immédiates et moins confuses. Mais il n'existe pas de méthode pour faire « pousser » l'intuition, à chacun de savoir la trouver en soi. Qu'il soit dans le domaine de l'intuition ou des connaissances, cet entraînement fait partie de l'expérience que le chiromancien doit acquérir pour exercer ses talents avec justesse. Les rencontres avec une grande variété de consultants sont aussi importantes que l'échange d'informations avec d'autres voyants : c'est dans le face-à-face que les qualités de chiromancien grandissent et s'améliorent. Peut-être vaudrait-il mieux parler de « face-à-main », tant il est important de voir le plus grand nombre de paumes possibles pour saisir toutes les subtilités de la chiromancie ! Comme les empreintes digitales, chaque main est unique, chaque destin aussi.

Et si ce n'étaient que des rides ?

La chiromancie a développé un ensemble de textes et de croyances remontant aux origines de l'humanité, mais ce n'est pas la seule science à s'être penchée sur la question des lignes de la main. Pour les chercheurs et les médecins, ces traits à la surface de la peau ne sont autres que des rides de flexion. Les trois principales (vie, tête et cœur) sont présentes dès la naissance, tandis que les autres apparaissent au cours de l'existence, et sous l'effet des activités de chacun.

La forme de la main

Certains ont les mains fines, d'autres ont de gosses paluches… Avant même de se pencher sur les lignes, la chiromancie permet d'en savoir un peu plus sur le caractère de chacun en étudiant la forme des mains.

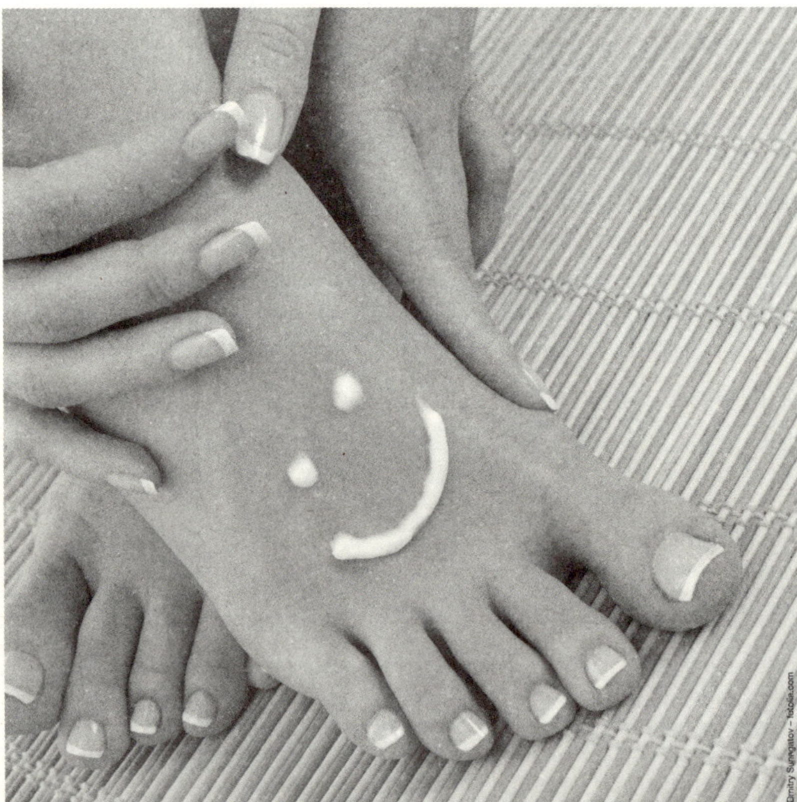

Le soin que l'on apporte à ses mains et à ses pieds révèle l'estime de soi.

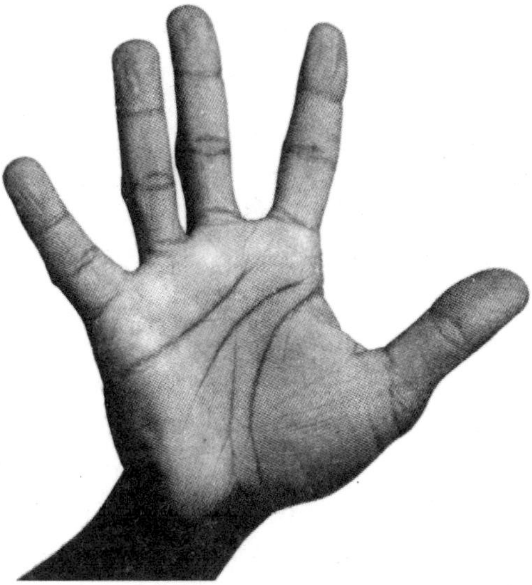

Cette main est typiquement de Terre : paume carrée et doigts plutôt courts, aux terminaisons nettes.

Lors de la première approche avec le consultant, le chiromancien regarde la main de l'extérieur, avant de la toucher. Sa couleur, sa brillance indiquent l'état général de la personne. Les mains très soignées se voient de loin, comme si la douceur de leur peau caressait les yeux de ceux qui les regardent. Avant d'analyser en détail les lignes, les monts et les phalanges, la forme de la main est déjà un indicateur général. Il existe principalement quatre catégories, inspirées des quatre éléments : la Terre, le Feu, l'Eau et l'Air. Leur symbolisme renvoie à la fois aux notions d'astrologie, à d'anciennes légendes de sorcellerie et à une observation minutieuse des caractères depuis des lustres...

C'est à force de rencontrer des gens différents, de répondre à des questions plus ou moins précises que les chiromanciens parviennent à affûter leur observation de la forme de la main. On conseille aux débutants de jouer au jeu des « quatre familles » et de classifier mentalement les mains de tous les gens qu'ils croisent. Jeu de mains, jeu de vilain ?

La main de Terre

C'est la main du travailleur, de l'artisan, du manutentionnaire. C'est la main solide, celle dont la poignée est franche et rassurante. C'est la main du boxeur, du lutteur, de celui qui ne s'avoue jamais vaincu. On reconnaît la main de Terre à une paume carrée et des doigts plutôt courts et larges. Souvent, les ongles sont bien ronds ou carrés. Les jointures sont généralement alignées sur les phalanges. Ce type de main peut prendre toutes les couleurs, la peau être rugueuse et craquelée ou bien douce et tendue comme une cuisse de bébé. Elle inspire confiance par sa structure, elle renvoie une image de pragmatisme. Pourtant, ce n'est pas la main « chanceuse » par excellence. Les personnes qui ont ce type de main bénéficient d'un allant et d'un courage qui leur permet d'acquérir le succès par eux-mêmes.
On associe souvent la main de Terre à la planète Mars et à sa signification dans l'astrologie traditionnelle : le dieu de la guerre commande aussi à

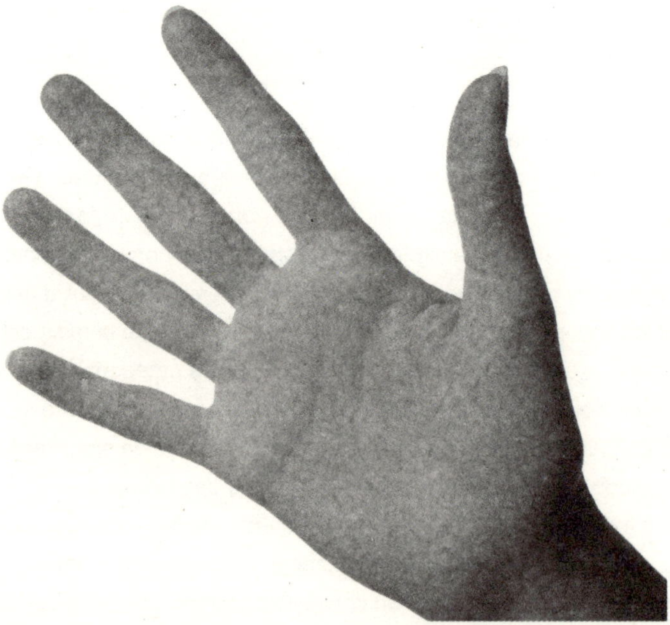

Conique jusqu'au bout des ongles, cette main de Feu se distingue par son élégance et sa finesse.

l'agriculture, il est la force conquérante et la ressource disponible. Les personnes aux mains carrées ont souvent un caractère généreux, tourné vers les autres. La communication n'est peut-être pas leur fort, mais leur capacité d'écoute et de compréhension peuvent prendre le relais.
Ce type de main peut se montrer capable de rigidité, surtout à partir d'un certain âge. Cela révèle alors une forme de conservatisme, une tendance à s'accrocher aux choses du passé. Dans la plupart des cas, la main de Terre signifie avant tout un comportement mesuré et réservé en société, sans timidité extrême ni modestie déplacée. La justesse et l'authenticité font partie des traits de caractères couramment indiqués par cette main. Celle qui n'hésite pas à « filer un coup de main » lorsque c'est nécessaire !

La main de Feu

Envoûtante comme une fumée toxique, fascinante comme la danse de la flamme, « hot » comme un piment exotique, la main de Feu ne laisse personne indifférent. Elle est la forme de main qui se remarque à distance car la gestuelle fait partie intégrante du mode d'expression de ses propriétaires. Parfois appelée « main du commerçant » ou « main conique », la main de feu se caractérise par une allure allongée pas forcément fine ni régulière. La paume est généralement triangulaire et les doigts partent dans le prolongement géométrique pour former une véritable interface entre l'individu et le monde. Les mains de feu sont celles qui sont à l'aise sur les petits écrans des smartphones, celles qui parviennent à rattraper des clefs tombées dans un trou, celles qui saupoudrent d'une poussière magique les philtres d'amour qu'elles font boire à leurs partenaires…

La peau

Translucide ou épaisse ? Tendue ou fripée ? La peau passe par tous les états tout au long de notre vie. En prendre soin est important : la propreté et la souplesse de la peau garantissent une meilleure protection contre les agressions extérieures, elles révèlent aussi l'hygiène de vie de chacun. Un individu aux mains soignées se montre confiant en lui. Moins assurée, une personne qui a les mains fragiles sera plus en proie à des menaces diverses, sur le plan émotionnel ou physique.

Les personnes qui ont une main de feu sont sociables, communicatives, ouvertes d'esprit mais pas seulement, elles peuvent se montrer exigeantes et tatillonnes, jusqu'au caprice. On retrouve souvent cette forme chez les artistes, les danseurs et les adeptes des sports individuels, mais aussi chez les collectionneurs, les informaticiens et les commerciaux. La main de Feu aime compter l'argent, elle sait également bien le dépenser. Parfois trop, mais que craindre quand on connaît le truc pour dégoter le bon plan au bon moment ? La créativité qui se dégage de la main de Feu n'est pas forcément synonyme de fantaisie ou de paillettes, elle peut aussi se manifester par un esprit très débrouillard et inventif, qui permet de surmonter les difficultés de la vie avec optimisme. Ces mains-là trouvent toujours des doigts amis à qui elles peuvent dire « Tope là » !

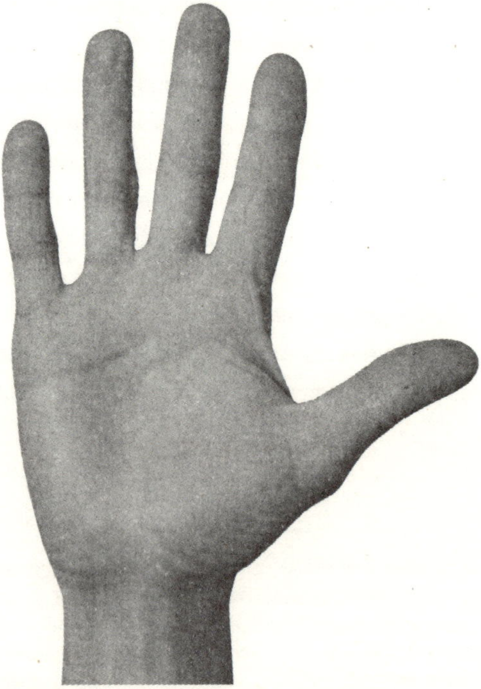

Cette main d'Eau se reconnaît à sa structure bien rectangulaire, le bout des doigts en spatule.

La main d'Eau

Feu et Eau ne font pas bon ménage… La première difficulté en chiromancie est d'apprendre à distinguer ces deux formes différentes de mains : l'une est vive et piquante, l'autre est vive et saisissante… La nuance est ténue ! La principale différence anatomique qui saute aux yeux est l'aspect globalement rectangulaire de la main d'Eau, comparée à la main de Feu conique. Les doigts d'Eau sont dans le prolongement naturel de la paume, qui est elle-même bien dessinée. Mais la finesse de l'ensemble sème parfois la confusion et les chiromanciens débutants peuvent tous témoigner d'être tombés sur un tel casse-tête… Les ongles de la main d'Eau sont généralement plutôt ovales et allongés, ce qui permet de les distinguer avec plus de certitude. C'est la main des gens sensibles, des bien élevés, de ceux qui ont la beauté dans le cœur même s'ils ne l'ont pas toujours autour d'eux. C'est la main des émotifs anonymes, de ceux qui fondent en larmes devant un cadavre de fourmi mais qui ne perdent pas leurs moyens quand ils en ont fait le serment. La main d'Eau d'un jeune évoque tous les possibles, les aventures et les coups de cœur qui s'annoncent. La main d'Eau d'une personne plus âgée raconte les expériences et les échecs, les cicatrices et donne un regard féminin sur la vie. Mais la forme de la main ne détermine jamais la sexualité de son propriétaire, et on a vu des mâles aux mains d'Eau conquérir des femmes au-delà de ce que la morale accepte…

Également appelée « main intuitive » ou « main cérébrale », la main d'Eau se retrouve chez les chercheurs, les scientifiques, les personnes de religion… Sur le plan symbolique, elle est proche du signe astrologique du Poissons,

Grandes mains, grands pieds ?

Il doit bien y avoir un hurluberlu qui a tenté d'appliquer la chiromancie aux pieds, son nom est resté inconnu… Mais il est tout de même de coutume de regarder les pieds du consultant. Non pas pour en examiner les lignes, mais simplement pour vérifier les proportions de la personne. De très grandes mains par rapport au reste du corps donnent toujours une aura de puissance et de force supplémentaire. À l'opposé, les personnes aux grands pieds ont souvent un air maladroit ou attendrissant…

de sa vie intérieure riche et originale, de son énergie particulière, rafraîchissante et spontanée.

La main d'Air et la main mixte

La main d'Air est un oiseau, un moustique, une feuille volante. Solidement appuyés sur une paume courte ou carrée, les longs doigts se délient dans l'espace avec grâce et précision. Au contraire de la main de Feu qui jette des sorts du bout de ses phalanges, les doigts d'Air rassurent, caressent, chatouillent. Parfois, ils chapardent, font disparaître un grain de raisin au supermarché, effacent un SMS compromettant dans un téléphone qui ne leur appartient pas. Rapidité d'action et réflexion ! L'inaction mène à l'inertie, et l'air stagnant n'est bon pour personne ! Autant s'agiter, quitte à se perdre un peu, pour rester en vie. Être malin plutôt que bénin et pousser quelques limites. Également dite « main de l'intellectuel », cette main peut être appelée « de Saturne », en liaison avec le dieu détenteur du temps et du destin.
Les personnes qui ont la main d'Air bénéficient de qualités sur le plan intellectuel, d'un sens de la concentration incomparable et d'un besoin d'apprendre en permanence. Pas toujours facile à suivre pour l'entourage quand il est

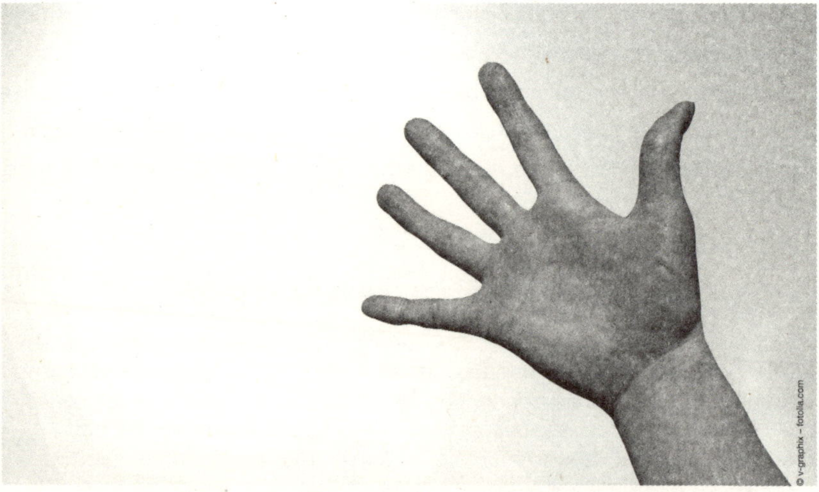

Cette main mixte, aux doigts réguliers, possède une dominante « main d'Air ».

question de faire une pause ou de programmer des vacances. Les mains d'Air sont des organes d'exigence, des mains qui chipotent parfois mais c'est toujours à raison. La dimension sentimentale n'est pas forcément la plus facile ou la plus stable dans la vie de ces personnes. Les palpitations du cœur sont une science inexacte... Le manque de repères ou l'accumulation de problèmes non résolus peuvent finir par être catastrophiques à ces profils qui ont besoin de transparence et de confiance dans le domaine amoureux. Mais ces mains révèlent également le charme et la bonté d'un profil psychologique imprégné de bonne volonté. Ce qui n'empêche pas, parfois, de faire des promesses en l'air ! Enfin, vient en conclusion des différentes formes la main mixte. Chaque paire de mains est unique, tout comme nos empreintes digitales et le dessin de notre iris. C'est pourquoi il existe un grand nombre de nuances qui mélangent différents caractères des quatre grandes familles de mains : une paume large de main carrée peut se trouver associée à des doigts longs et aériens. Cela révélera alors un attachement unique aux choses matérielles avec une grande ouverture d'esprit. À l'opposé, une grande main conique pourra être terminée par une grappe de doigts courts et toniques. Le mélange du Feu et de la Terre donne souvent une combinaison explosive, un caractère bien trempé et prêt à soulever des montagnes. La main mixte et sa multitude d'interprétations possibles révèlent le vrai sens de la chiromancie : elle permet de voir beaucoup de choses mais le destin reste toujours entre les mains de chacun.

De toutes les couleurs

Il existe une infinité de nuances de couleur de peau, du blanc neigeux au noir le plus profond. Étudier la couleur de la main nécessite donc une grande connaissance des différents grains de peau pour en saisir véritablement le sens. On conseille aux débutants de se concentrer sur les contrastes entre les différentes parties de la main au lieu de se lancer dans des considérations sur la couleur. En tant que science humaniste, la chiromancie ne fait pas de distinction entre les êtres.

Les monts de la main

Notre main est comme une chaîne de montagnes, qui se succèdent de sommets en vallées, parcourues par des lignes qui symbolisent le cours d'eau de notre existence… Découvrez les huit monts principaux et leur signification.

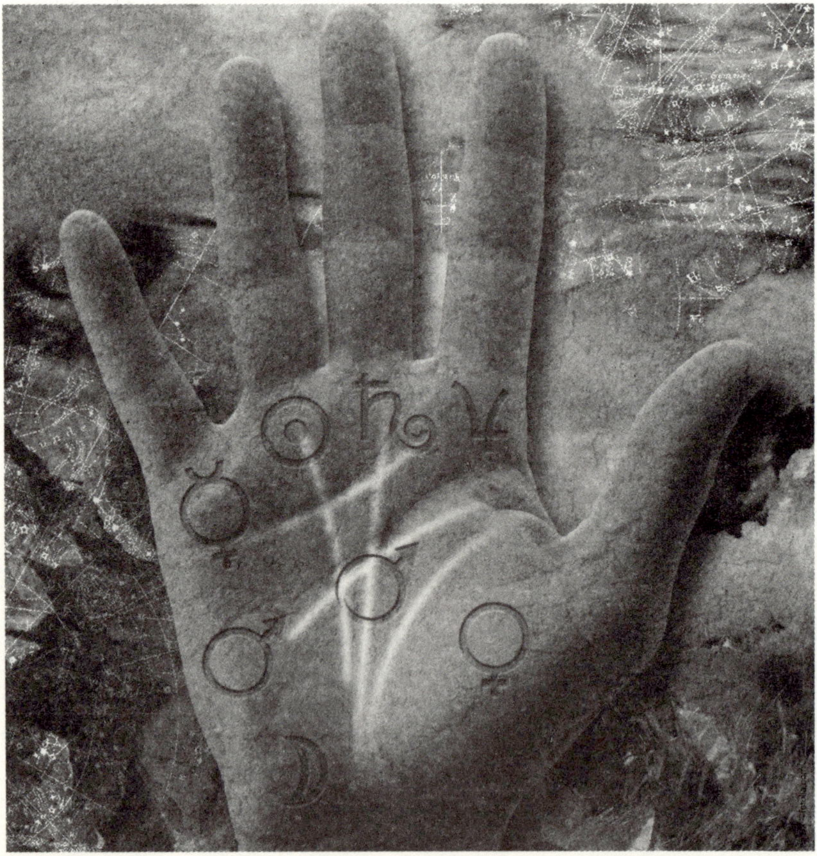

À chaque partie bombée ou creuse de la main correspond une divinité mythologique.

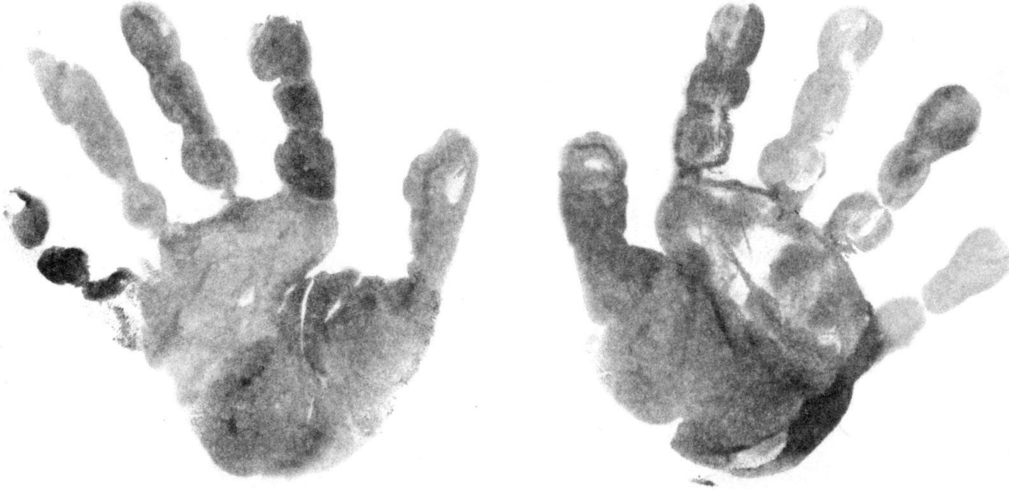

L'étude des empreintes de la main permet de distinguer les différents monts avec plus de facilité.

Chaque nom de mont de la main correspond à une ligne ou à un doigt. Au cours de l'histoire, les chiromanciens ont été influencés par la symbolique de la mythologie gréco-romaine, celle qui est également au cœur de l'astrologie. Lune, Mars et Jupiter se retrouvent sur notre paume. Ces métaphores légendaires rassemblent une multitude de significations sur le plan personnel et énergétique. Ils fonctionnent un peu comme les « maisons » dans un thème astral : ce sont des régions thématiques sur la cartographie de la main, et la présence des lignes ou de marques à ces endroits donne des indices sur les intérêts et les motivations du consultant. Si les lignes permettent d'en dire plus sur les possibles qui entourent la personne, les monts représentent son territoire intérieur : plus que de personnalité ou de destin, ces aspérités de la main révèlent les aptitudes, les chances de réussite et les obstacles infranchissables comme un pic vertigineux…

Vénus et Jupiter

Le premier de tous les monts est celui de Vénus. Facile à reconnaître et à situer sur la main, c'est en réalité la troisième phalange du pouce : ce petit coussinet de chair rebondie qui peut prendre jusqu'au quart de la surface de la paume renferme une articulation et un grand nombre de terminaisons nerveuses. Les plus coquins n'hésiteront pas à faire le parallèle entre cette partie du corps et le haut du pubis féminin, cette région bombée du bas-ventre qui est également appelée « mont de Vénus » ! L'analogie n'est pas tout à fait innocente : ce premier mont de la main est considéré comme le siège des émotions et de la vie amoureuse, celui du charisme sexuel et sensuel, et, au-delà, du karma. Plus il est bombé et d'aspect tendu, plus il révèle une

Nos mains sont comme un paysage, où se succèdent sommets, vallées et plaines.

personnalité gourmande et sensible aux plaisirs de la vie. S'il est très clairement délimité par la ligne de destin, c'est le signe que le consultant est bien équilibré au plan émotionnel.
Le mont de Jupiter se situe à la base du doigt de Jupiter, autrement dit l'index. Lorsque l'on lit la main dominante, ce mont est bien souvent moins visible ou au contraire plus marqué que les autres : cela est très révélateur du degré d'activité manuelle du consultant. On s'en sert aussi comme référence pour mesurer la hauteur et la couleur des autres monts de la main, exception faite du mont de Vénus. La montagne de Jupiter doit être bien formée et bombée pour représenter des qualités humaines : volonté et moralité, aisance sociale et joie de vivre. Lorsqu'il est parcouru de lignes descendant de l'index, c'est le signe d'une certaine autorité naturelle, d'une aura qui attire les faveurs et l'écoute des autres. Au contraire, lorsqu'il est peu apparent, l'individu aura plus de mal à se faire entendre ou à s'affirmer dans un groupe. Si sa courbure naturelle le fait pencher vers le majeur ou vers l'intérieur de la main, cela montre un certain détachement face aux contraintes matérielles.

Saturne et Apollon

Souvent le moins évident à délimiter du premier regard, le mont de Saturne est pourtant très important à étudier. Pas toujours très proéminent par rapport aux autres montagnes de la main, il symbolise la vie intérieure, les réflexions, l'introspection, le voyage personnel du consultant. Son dessin et son aspect doivent avant tout inspirer le calme. S'il est trop élevé, ce mont révèle une personnalité excessive ou superficielle, faussement supérieure

La plaine de Mars

À l'opposé des monts qui entourent notre paume, le creux de la main est occupé par un espace très couru : la plaine de Mars. Plus elle semble centrale et proportionnée, plus elle révèle une personnalité équilibrée et sincère. Lorsqu'elle est bien pleine, c'est un signe de fertilité ou de prospérité. Lorsqu'elle est toute petite, c'est un signe d'anxiété et de refus des réalités. À l'inverse, si elle est excessivement grande, la personne est agitée, elle garde mal sa concentration.

voire arrogante. S'il est creux, à l'inverse, il signale un manque de chance ou une forme de laisser-aller face aux événements de la vie. En vieillissant, ce mont a tendance à durcir ou à être un peu plus marqué : il représente ainsi la sagesse acquise avec l'expérience, la maturité qui vient avec le grand âge. Côté destin, la présence de croix à sa surface renseigne sur le nombre d'épreuves qui attendent le consultant, les difficultés auxquelles il devra faire face dans le futur.

Soleil ou Apollon, même si son nom change selon les écoles, son emplacement reste à la base de l'annulaire. Dieu du jour ou de l'amour, force vitale ou carburant essentiel, ce mont cache le goût pour les arts, l'intérêt pour les choses de valeur et l'esthétisme du consultant. Briller pour être vu, posséder

Êtes-vous plutôt Mars ou plutôt Vénus ? Dominante masculine ou féminine ?

pour être envié, créer pour provoquer, imaginer pour faire rêver… Le mont d'Apollon renferme toutes ces qualités : des petits traits désordonnés en superficie dénotent un esprit vivace et plein d'humour, une forme creuse révèle un attachement trop important à l'argent et un penchant jaloux. Si deux traits se croisent à la base du doigt d'Apollon, la tradition veut que la personne bénéficie d'une bonne fortune et de protections contre le malheur. Enfin, lorsque la ligne d'Apollon se termine sur cette zone de la main, c'est le signe d'un grand succès potentiel dans le domaine artistique et créatif.

Mars et Mercure

Le mont de Mercure est le dernier des monts qui s'appuie sur un doigt et cache la jointure entre la partie fixe de la main et sa terminaison mobile. Ce léger bombement de la peau porte un grand nombre de signaux importants à étudier comme les lignes des enfants. Ce mont peut aussi être délimité par la ligne de cœur, ou bien être le point d'achèvement de la ligne de santé ou de la ligne de Mercure, bien sûr. Cela sera alors synonyme d'un attrait pour les questions spirituelles et une quête de paix intérieure. Cette montagne aux mille secrets renferme le savoir-vivre, le savoir-faire, le savoir-être du consultant, son rapport à la justice et ses valeurs profondes. Aujourd'hui, on l'étudie aussi pour l'éclairage qu'il apporte sur le sens du commerce du consultant. Les chiromanciens du XVIIIe et du XIXe siècle portaient une attention particulière à ce caractère de la main féminine : ils pensaient par exemple que la présence d'une croix à cet endroit sur une femme présageait d'un tempérament bavard et capricieux !

Dur ou mou ?

La peau des mains est soumise à rude épreuve et des callosités peuvent apparaître au cours de la vie. Les cors et durillons se comportent comme des zones d'énergie : malgré la douleur qu'ils peuvent occasionner, ils agissent comme des points d'acupuncture stimulés en permanence. Par exemple, le consultant aura un penchant très prononcé pour la religion si son mont de Mercure est particulièrement dur. Un mont de Vénus à la peau résistante cache souvent un tempérament passionné en amour.

Duel au sommet entre les deux mâles dominants du Panthéon. Mercure et Mars se livrent une concurrence acharnée pour faire peser dans la balance les valeurs masculines qu'ils représentent. Mais Mars a plus d'un tour dans son sac : bien positionné sur l'extérieur et le bas de la paume, il possède non pas un mais deux monts ! On le désigne couramment sous le nom de « mont de Mars », mais il est en réalité séparé en deux parties : le mont supérieur est situé entre le mont de Mercure, sous l'auriculaire, et le mont inférieur se place entre le mont de la Lune, au bord extérieur de la paume, et le mont de Vénus, sous le pouce. Ce dernier est plutôt rare, car généralement l'anatomie de la main présente un net creux entre les deux bords inférieurs de la paume, au niveau du poignet. Toutefois, la présence marquée d'un mont de Mars inférieur est le signe d'une grande force de caractère et d'un courage à toute épreuve. Le mont de Mars supérieur, quant à lui, désigne plutôt en général la force intérieure et la motivation face à un but précis.

La Lune, Neptune et au-delà

Le mont de la Lune n'est pas toujours bien distinct du mont de Mars. Entre la racine du poignet et la base du petit doigt, les monts de la main sont beaucoup plus liés qu'à d'autres endroits de la main. C'est pourquoi une grande partie de

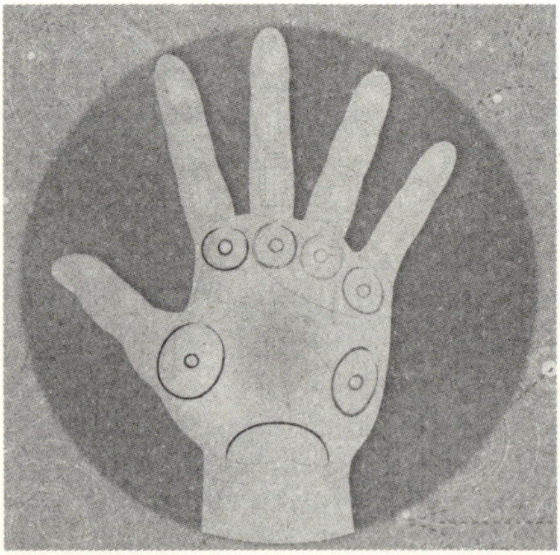

Chaque main est unique : certains monts peuvent sembler absents, d'autres prendre beaucoup de place.

la symbolique est comparable à celle des monts qui l'entourent. Si cette zone est très développée, d'une couleur particulièrement intense, on peut dire alors que la personne analysée possède une dominante sensible et émotionnelle, avec une grande ouverture des sens et de l'esprit sur les réalités alternatives de notre monde. En revanche, lorsque le teint est égal, que la peau est douce et lisse, cela est le signe d'une grande paix intérieure, d'une sagesse qui ne se trouve pas chez tout le monde. On dit aussi que le mont de la Lune très marqué est synonyme d'une vie pleine de voyages et de déménagements. Enfin, le mont de Neptune n'est pas visible sur toutes les mains. Il ne faut pas le confondre avec le mont de Mars inférieur : celui-ci se trouve bel et bien sur la paume. En revanche, celui de Neptune se cache dans un triangle entre les deux monts inférieurs de la main et les rascettes, ces bracelets de lignes qui parcourent le poignet. C'est en quelque sorte une montagne magique : sa présence dénote en général des aptitudes médiumniques et un goût prononcé pour l'ésotérisme. Il permet de déterminer l'exactitude du sixième sens du consultant : si ce mont est sur la main du passé, cela signifie que la personne a vu juste et que certaines de ses visions vont se concrétiser. À l'inverse, si Neptune culmine sur la main du futur, l'individu va développer au fil de son existence des qualités extrasensorielles de plus en plus fines. Ces différents monts peuvent apparaître et disparaître au cours de la vie de chacun, en fonction du travail manuel, des maladies et des régimes… Leur absence ne signifie pas que le consultant est totalement dépourvu des qualités qui y sont associées, mais plutôt que des blocages empêchent l'expression de tel ou tel trait de caractère. Parce qu'il est bien connu qu'on a une meilleure vue d'ensemble lorsqu'on est en haut des cimes plutôt qu'au fond d'un canyon !

Les anneaux

Ils ne sont pas visibles sur toutes les mains, et ne sont pas non plus toujours apparents tous en même temps : les anneaux sont des demi-cercles qui partent de la base des doigts vers la paume et qui délimitent le champ d'action d'un mont. L'anneau de Salomon est une ligne particulière qui prend la base de l'index, englobant parfois le mont de Saturne intégralement. Sa présence dénote de grandes capacités intellectuelles et philosophiques, une intelligence visionnaire à l'encontre des préjugés.

Les doigts

Quand on parle de chiromancie, on pense souvent à la forme de la main et à ses fameuses lignes. Mais les doigts sont également au cœur de l'interprétation : longs ou courts, droits ou tordus, chaque caractéristique a un sens !

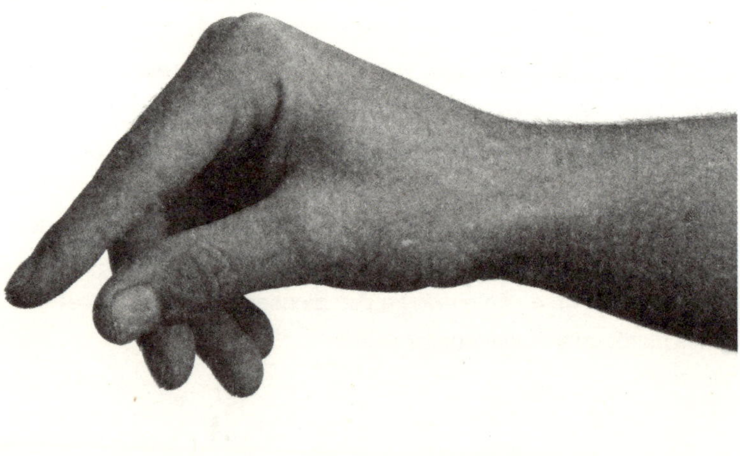

Le pouce et l'index forment une pince naturelle, outil indispensable aux activités humaines.

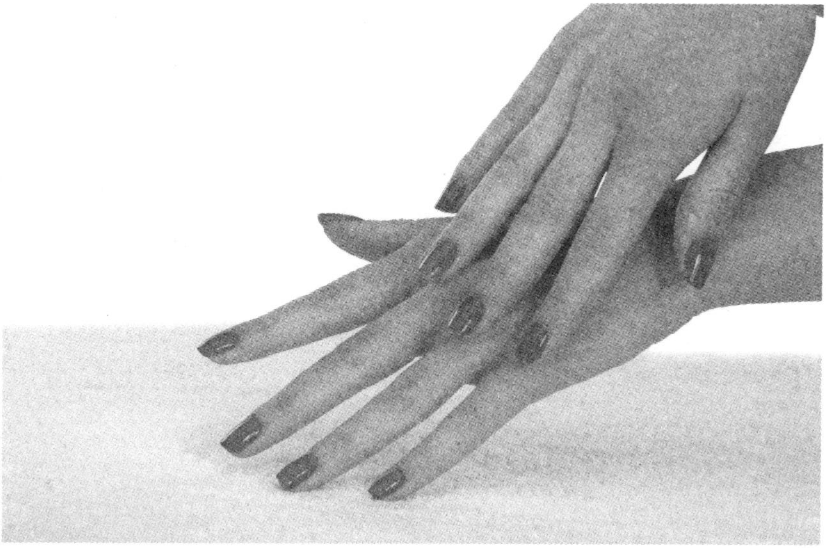

Les ongles longs et soignés témoignent d'un goût très sûr mais aussi d'un caractère frivole.

L'étude des cinq doigts permet de mieux cerner la personnalité du consultant, de préciser le contexte psychologique avant de s'intéresser plus précisément à son destin et aux événements dans sa vie. La connaissance des différentes caractéristiques digitales est un outil indispensable au chiromancien, même si ce n'est pas le plus évident… Le pouce est traditionnellement le doigt le plus étudié par les chiromanciens. À certaines époques même, les interprétations ne s'attardaient sur aucun autre doigt, préférant considérer le schéma général de la main et regarder uniquement celui que les enfants appellent le « gros doigt ». Anatomiquement, le pouce comporte trois phalanges, comme tous les doigts, mais seules deux sont mobiles. La dernière est cachée sous le mont de Vénus, pour former la pince qui nous sert à attraper les objets. Les chiromanciens l'appellent donc « doigt de Vénus » : il symbolise à la fois l'énergie vitale, la volonté, les émotions et l'état global du consultant. En général, lorsque les doigts sont tendus, la pointe du pouce arrive au niveau de la première phalange de l'index. On considère que cette longueur est la moyenne : en dessous de la première phalange, le pouce est exceptionnellement court. À l'opposé, lorsque le pouce est très long, il est interprété comme un signe de grande énergie et d'une détermination qui peut aller jusqu'à l'entêtement. Ce sentiment peut être renforcé si le doigt est également large : plus il paraît gros en comparaison des autres doigts, plus il affirme un caractère intraitable. Mais le pouce peut également révéler un tempérament plus calme ou plus rêveur : s'il est fin et en pointe, si la deuxième phalange est particulièrement étroite, on a alors affaire à un signe de fragilité mentale et à une personnalité plus influençable. Plus le pouce semble accroché

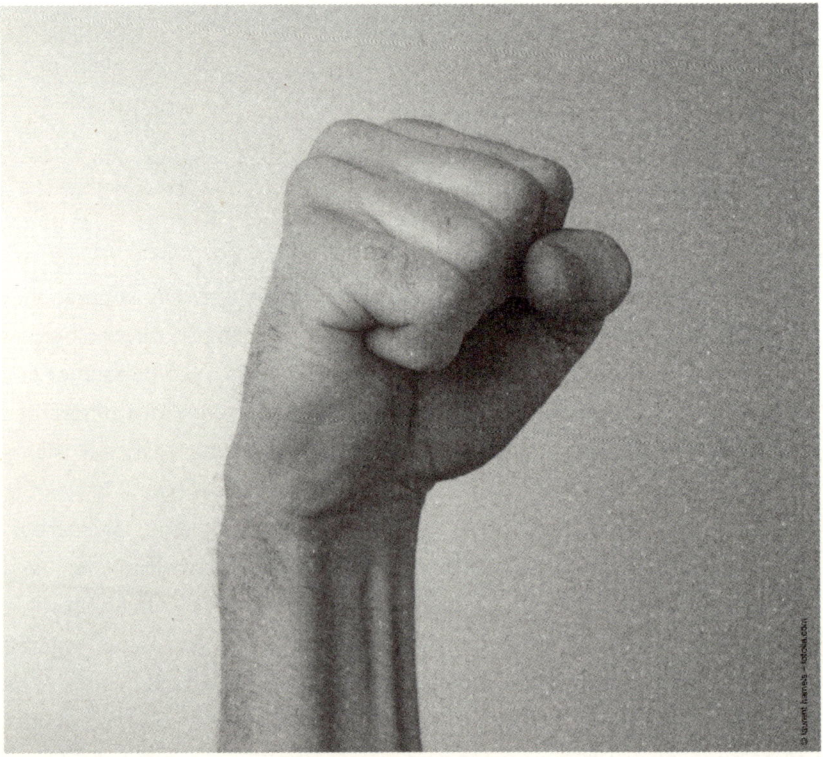

L'analyse des jointures ne doit pas oublier l'articulation au dos de la main, le poing fermé.

vers le haut de la main, le mont de Vénus dessinant clairement la délimitation du poignet, plus le consultant est pragmatique, en proie à la réalité de la vie et à l'écoute des autres. Cette impression est également décelable dans la souplesse du doigt.

L'index

Également appelé « doigt de Jupiter », l'index est considéré comme le « premier doigt » par beaucoup de chiromanciens. Cette numérotation étrange vient peut-être du fait que, traditionnellement, les Anglo-Saxons comptent le chiffre 1 avec l'index, et non pas avec le pouce comme c'est souvent le cas dans les pays latins, comme la France. Doigt à tout faire, utilisé par les hommes pour toucher délicatement, appuyer fermement, montrer un objet au loin ou viser avec précision, c'est la deuxième partie de la pince, celle avec laquelle nous tenons notre stylo par exemple. L'index représente à la fois l'aura du consultant, son ambition et sa soif de réussite, mais aussi ses chances d'être entendu, sa capacité d'engagement et sa tournure d'esprit. Lorsque son extrémité est très pointue, elle symbolise une forme de créativité ou un sixième sens très développé. Plus ce doigt est long, plus on a tendance à considérer que la personne dispose d'une grande autorité naturelle, d'un charisme certain. Cela peut se concrétiser par un esprit très dirigiste et déterminé, mais aussi par une forme plus diplomate et pédagogique. L'index long n'est pas seulement l'apanage des dictateurs, mais aussi celui des grands professeurs

Les ongles

Apprenez à reconnaître les différentes formes d'ongles et leurs caractéristiques.

- Carré : tendance volontaire et déterminée.
- Rond : succès et chance.
- Pointu : grande sensibilité, intuition.
- Rongé ou abîmé : problèmes de santé ou de nervosité.
- En spatule : grande confiance en soi, énergie vitale puissante.
- Conique : inventivité et ouverture d'esprit.
- Court : tendance à retenir ses émotions, difficultés relationnelles.
- Long : assurance et superficialité.

et inventeurs ! Ce doigt arrive généralement juste en dessous de la pointe du majeur. Lorsqu'il le dépasse, c'est le signe d'un caractère très entier qui peut avoir tendance au narcissisme et à l'égocentrisme. Cette caractéristique peut également être présente si le doigt est incurvé vers le majeur. On parlera alors également d'une confiance en soi vacillante, d'une personnalité qui a besoin de l'approbation des autres. S'il est bien droit, c'est alors le symptôme d'une grande moralité et de valeurs humaines motivées par le respect et la compassion.

Le majeur

C'est le plus long, celui du milieu qui crée une harmonie au dessin de la main par la fausse symétrie qu'il semble déterminer. Le majeur a beau être un membre grossier lorsqu'il est tendu seul à la face de quelqu'un, c'est avant tout le doigt des responsabilités, de l'engagement, des droits et des devoirs. Appelé « doigt de Saturne » en référence au dieu romain du temps et du destin, il mesure la respectabilité, la fiabilité et la probité de la personne. Au

L'index et l'annulaire sont souvent de même longueur, au niveau de la première phalange du majeur.

premier coup d'œil, avant même l'étude de la forme de la main et des lignes, la longueur du majeur donne des renseignements sur la personnalité du consultant : plus il est court, et plus le caractère de la personne est en proie à ses émotions. À l'opposé, plus il est long et plus l'individu est intellectuel. Mais si le majeur est notablement plus grand que les autres doigts, cela peut être le signe d'une tendance excessive au raisonnement et d'un caractère peu adapté aux contraintes de la vie en société. Si le doigt est plus fin que les autres, ou se termine en forme de pointe effilée, c'est souvent interprété comme un signe de malchance. Les affaires ne sont pas un domaine dans lequel le consultant doit s'engager inconsidérément car l'argent risque de ne pas être suffisamment au rendez-vous. Ce jugement peut être nuancé par l'étude de la troisième phalange : si elle est plutôt courte, la personne aura un flair financier, mais si elle est vraiment toute petite, ce bon sens confinera à la pingrerie mesquine. On considère que les trois phalanges du majeur doivent être de la même longueur pour révéler une personne équilibrée et honnête. Attention aux jugements hâtifs : quelqu'un qui n'est pas doué pour l'argent n'est pas forcément un voleur, mais peut-être juste une bonne poire pour les banquiers avides !

L'annulaire

Le doigt de la bague de fiançailles et de l'anneau de mariage suscite bien des illusions. La tradition a désigné ce doigt comme le symbole de l'amour car les médecins du Moyen Âge croyaient que l'annulaire de la main gauche était

Les jointures

On appelle « jointures » les articulations des doigts. Apprenez à en distinguer les aspects essentiels entre les phalanges et sur le dos de la main.
– Jointures étroites : très rares, elles dénotent une grande délicatesse de caractère.
– Jointures larges : elles sont le signe d'une personnalité ancrée dans la réalité et dans l'action.
– Jointures noueuses : ce sont les articulations des artistes et des penseurs.
– Jointures régulières : elles révèlent un tempérament équilibré et patient.

directement relié au cœur ! Il est également appelé « doigt d'Apollon » ou « doigt du Soleil ». Il représente la famille, les aspects sentimentaux, émotionnels et créatifs de l'individu, sa capacité à exprimer son ressenti et son expérience intime. Ce doigt arrive normalement au même niveau que l'index. Un peu plus long, c'est le témoignage d'une personnalité sensible aux arts et imaginative. La deuxième phalange, si elle est longue, peut confirmer ce diagnostic d'originalité. Carrément plus long, la tradition veut qu'on l'appelle alors le « doigt du joueur ». À certaines époques, les croupiers dans les casinos gardaient un œil particulièrement inquiet sur ces mains, car l'on pensait que ce doigt révélait une tendance à la tricherie et à la manipulation. Car l'annulaire est le doigt du subconscient : il cache ce que nos émotions nous interdisent de dire à voix haute, nos rêves, nos fantasmes, nos craintes et nos peurs. Plus il est régulier en forme et en proportion, plus il indique que la personne est mesurée dans sa vie émotionnelle, stable sur le plan sentimental. Plus les jointures sont visibles, plus le consultant est en proie à des complexes ou à des frustrations. Son regard sur lui-même n'est pas très positif. Alors que ce doigt paraît souvent bien dans l'axe de la main, comparé aux quatre autres, l'annulaire qui penche n'est pas forcément mauvais signe : orienté vers l'auriculaire, il peut être synonyme de curiosité et de naïveté mais, s'il tend vers le majeur, la personne possède des qualités généreuses et un intérêt pour les causes humanitaires.

Comme ces marionnettes, chaque doigt recèle une signification et des secrets qui lui sont propres.

L'auriculaire

Appelé « quatrième » selon la numérotation en chiromancie, l'auriculaire tire son nom de l'oreille, car c'est celui que l'on utilise spontanément pour se gratter le conduit auditif ! Également dénommé « petit doigt » dans le langage courant, le « doigt de Mercure » est le dernier mais pas le moins intéressant ! Il véhicule les mêmes symboles que le dieu auquel il est attaché : sens de la communication, rapidité d'esprit, énergie cérébrale et souplesse physique, jusqu'aux voyages et aux déplacements. Comment tant de significations peuvent-elles se dissimuler dans un si petit membre du corps humain ? Généralement, il arrive à la hauteur de la première jointure du majeur. S'il le dépasse, on l'interprète alors comme un signe de talents oratoires et de penchants pour la discussion, voire le bavardage. À l'inverse, lorsqu'il est très court, il révèle une personnalité peu à l'aise à l'oral et qui peut avoir des difficultés à aborder la vie avec un regard mûr et responsable. On remarque que les personnes craintives et timides ont souvent des auriculaires typiquement plus petits ou étroits que les autres. La forme de ce doigt est déterminante pour l'analyse globale de la main. S'il est dans l'alignement parfait du tranchant, il donne alors une forme plutôt carrée qui dévoile un caractère logique et terrien. S'il est positionné visiblement plus bas que les trois autres grands doigts, le destin du consultant risque alors d'être mouvementé, une alternance de moments de grand bonheur avec des périodes de difficulté ou de doute.

Les phalanges

Au nombre de trois, sauf pour le pouce dont on ne voit que les deux premières, les phalanges permettent d'éclairer trois aspects de la vie du consultant, en fonction de la symbolique de chaque doigt.
- Au bout du doigt, la première phalange ou phalangette : domaine spirituel, capacités mentales et créatives.
- Au milieu du doigt, la deuxième phalange ou phalangine : raisonnement et sens pratique.
- À la base du doigt, la troisième phalange : aspects matériels et vie quotidienne.

Le pouce

Également appelé « doigt de Vénus », le pouce a longtemps été le seul doigt digne d'intérêt aux yeux de chiromanciens. Il symbolise à la fois le dynamisme et la volonté de l'individu, mais aussi son énergie corporelle et ses valeurs morales.

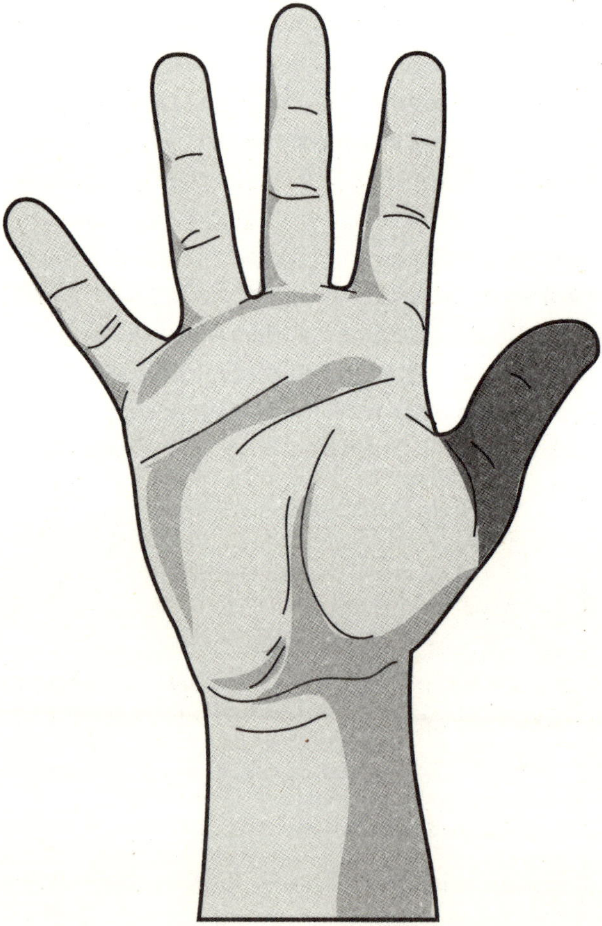

Le pouce moyen

Normalement, le pouce s'arrête à la hauteur de l'articulation entre la deuxième et la troisième phalange de l'index. La troisième et la deuxième phalange (celles qui sont apparentes et mobiles) sont généralement de même taille. Si ces proportions sont présentes sur la main du consultant, on considère que le pouce est « normal » : cela dénote alors une personnalité équilibrée, où le corps et l'esprit sont en harmonie. La forme de l'ongle est aussi très importante à étudier : plus il est petit, plus il laisse deviner des problèmes de confiance en soi.

Le pouce court

Si le pouce n'arrive pas à la base de l'index, les chiromanciens estiment que le pouce est exceptionnellement court. Il révèle une personnalité fragile, un sérieux problème d'image de soi et une confiance vacillante, voire absente. Il peut également être signe d'une grande adaptabilité, tout en laissant transparaître une faiblesse au niveau physique. Dans le même ordre d'idée, si le pouce est remarquablement fin ou étroit, il peut indiquer un esprit fuyant ou un grand sens de la diplomatie.

Le pouce long

Encore plus rare, le pouce qui dépasse la deuxième phalange de l'index est révélateur d'une très grande confiance en soi et d'une énergie débordante. L'individu doit apprendre à la maîtriser pour ne pas causer de troubles autour de lui et la transformer en détermination, en persévérance.

Bagues et autres signes distinctifs

S'il est peu courant de porter des bagues au pouce, ce choix révèle souvent une personnalité originale, créative, indépendante. À l'opposé, un pouce rigide ou manquant de souplesse laisse deviner un tempérament entêté, voire récalcitrant.

L'index

Également appelé « doigt de Jupiter », l'index révèle la capacité de décision, l'intuition, la détermination et le charisme de l'individu. Considéré comme le doigt le plus mobile de la main, il sert de point de comparaison pour mesurer la longueur et la souplesse des autres doigts.

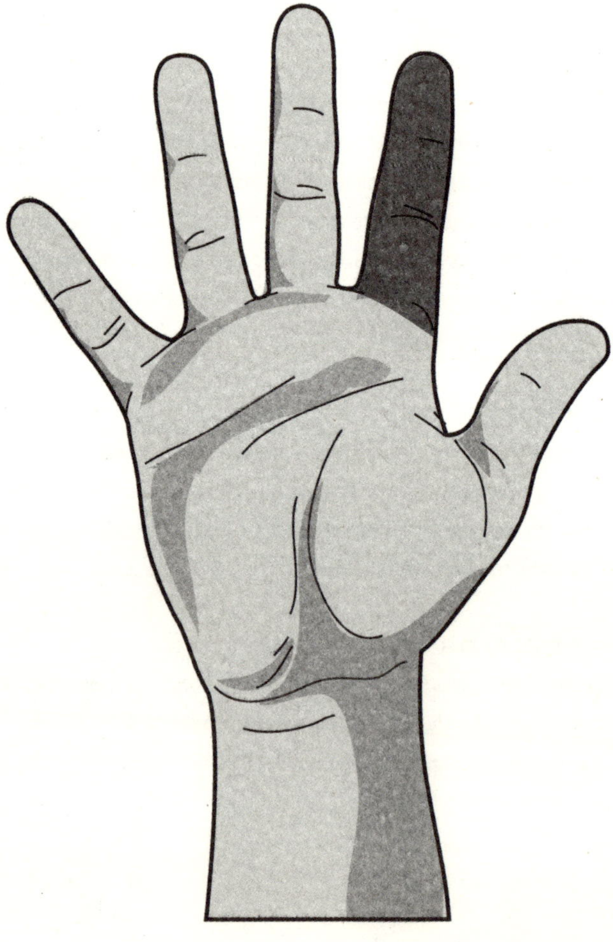

L'index moyen

Selon la forme générale de la main, l'index est dit « normal » quand sa longueur et sa largeur ne semblent pas incohérentes avec celles des autres doigts. Il est généralement aussi long que l'annulaire, légèrement plus court que le majeur. Dans ces conditions, l'index révèle une personnalité affirmée, sensible aux autres mais avant tout désireuse de sa réussite personnelle. S'il est bien droit, et peu noueux au niveau des articulations, il indique également un tempérament respectueux des autres, de la loi et des conventions sociales.

L'index court

Ce doigt est considéré comme remarquablement court lorsqu'il arrive en dessous de l'articulation de la première phalange du majeur et qu'il est plus court que l'annulaire (si ces deux conditions ne sont pas réunies, on étudiera plutôt l'extrême longueur du majeur et/ou de l'annulaire). Il révèle alors un caractère méticuleux, qui peut être un atout dans le domaine professionnel, ou une ambition démesurée qui ne sera peut-être pas à la réelle mesure des capacités de l'individu.

L'index long

Généralement, les chiromanciens considèrent que l'index est particulièrement long lorsqu'il est au même niveau que le majeur, voire qu'il le dépasse (très rare). Il dénote un caractère autoritaire, voire capricieux, et une grande capacité à commander les autres.

Bagues et autres signes distinctifs

Porter une bague à l'index est chose assez courante, qui signifie avant tout une bonne connaissance de soi et du jeu de la séduction. Lorsque l'index a tendance à pencher vers le pouce, c'est un signe de chance et de bonne fortune à tous niveaux. Tourné vers le majeur, il indique une personnalité aimante et protectrice.

Le majeur

Également appelé « doigt de Saturne », le majeur est un doigt hautement symbolique. Il permet d'estimer les proportions et la symétrie de la main du consultant. Il symbolise l'équilibre, le sens des responsabilités, la spiritualité de l'individu tout en donnant quelques indices sur sa destinée.

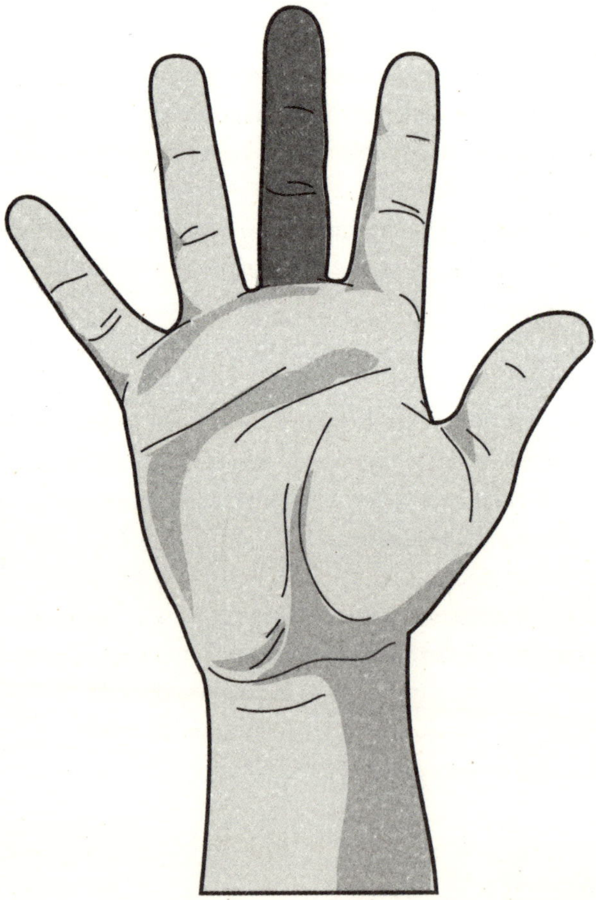

Le majeur moyen

Le majeur dit « normal » est le doigt le plus long de la main, encadré par l'index et l'annulaire à peu près à la même hauteur, au niveau de la première phalange. Plus il est droit et rectiligne (sans nœuds excessifs), plus il indique un esprit élevé et de grandes capacités intellectuelles. Il permet également d'étudier la droiture du consultant et son sens du devoir. Pour certains chiromanciens, c'est le doigt de la religiosité, qui prend tout son sens lorsqu'une croix est tracée sur la peau de la troisième phalange.

Le majeur court

Avant d'estimer qu'un majeur est réellement court, il faut s'interroger sur les proportions de la main et des autres extrémités de l'individu. Les mains de forme carrée peuvent en effet présenter des doigts à peu près aussi longs les uns que les autres, et le majeur ne sera pas considéré comme excessivement court dans ce cas. En revanche, si le doigt se termine en pointe très effilée, il révèle une personnalité fuyante, voire vicieuse, dont il faut se méfier.

Le majeur long

Lorsqu'il atteint plus des trois quarts de la hauteur de la paume de la main, on a affaire à un doigt notablement long. C'est la marque distinctive des personnalités prudentes et intuitives, qui maîtrisent la courbe de leur destin et savent prendre les risques nécessaires. C'est un signe de succès dans les entreprises personnelles.

Bagues et autres signes distinctifs

Un bijou au majeur indique généralement un intérêt pour les questions spirituelles, une croyance poussée dans les choses surnaturelles ou paranormales.

L'annulaire

Également appelé « doigt d'Apollon » ou parfois « doigt du Soleil », l'annulaire symbolise essentiellement l'union, le mariage et la fidélité. Par extension, il permet de déchiffrer le domaine familial de l'individu, mais aussi sa sensibilité artistique et son rapport à l'esthétisme.

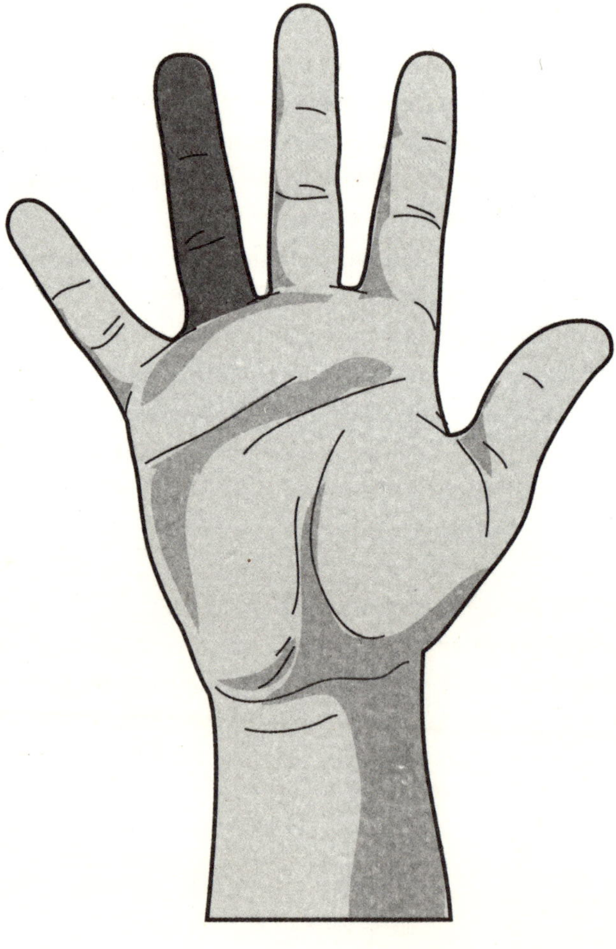

L'annulaire moyen

Pour être considéré comme « normal », l'annulaire doit être à peu près aussi long que l'index. Lorsqu'il est bien droit, il révèle que le destin amoureux de l'individu serait équilibré et harmonieux. Quand il est courbé vers le majeur, il indique un tempérament généreux et altruiste, un attrait prononcé pour une vie de famille riche et active. À l'opposé, s'il penche vers l'auriculaire, il dénote un caractère immature ou excessivement idéaliste.

L'annulaire long

Lorsque ce doigt dépasse l'index, il signale un talent artistique. Sur le plan amoureux et affectif, il peut faire ressortir une certaine instabilité ou un appétit sexuel débordant. S'il est vraiment beaucoup plus long que les autres doigts de référence, voire s'il dépasse le majeur (très rare), il révèle une personnalité qui n'a pas peur des risques, un intérêt démesuré pour les jeux d'argent et une forme d'individualisme.

L'annulaire court

S'il est proche en taille de l'auriculaire, ou s'il est beaucoup plus court que l'index, il peut être interprété comme de l'égoïsme, ou bien comme une difficulté à partager émotions et sentiments. Si la forme de la main est globalement carrée, un annulaire court peut aussi être signe d'un désintérêt pour les choses superficielles, l'art et la beauté extérieure. Les valeurs morales et familiales passent avant tout.

Bagues et autres signes distinctifs

Ce doigt est naturellement celui qui porte l'alliance des gens mariés, fiancés ou tout simplement de ceux qui veulent faire comprendre au monde qu'ils sont en couple. Plusieurs bagues à l'annulaire sont un signe indéniable de coquetterie.

L'auriculaire

Également appelé « doigt de Mercure », l'auriculaire est très révélateur : il symbolise l'intelligence et le sens de la communication (verbale et non verbale). Il est également associé au commerce, permet de discerner le sens des affaires et la chance financière de l'individu.

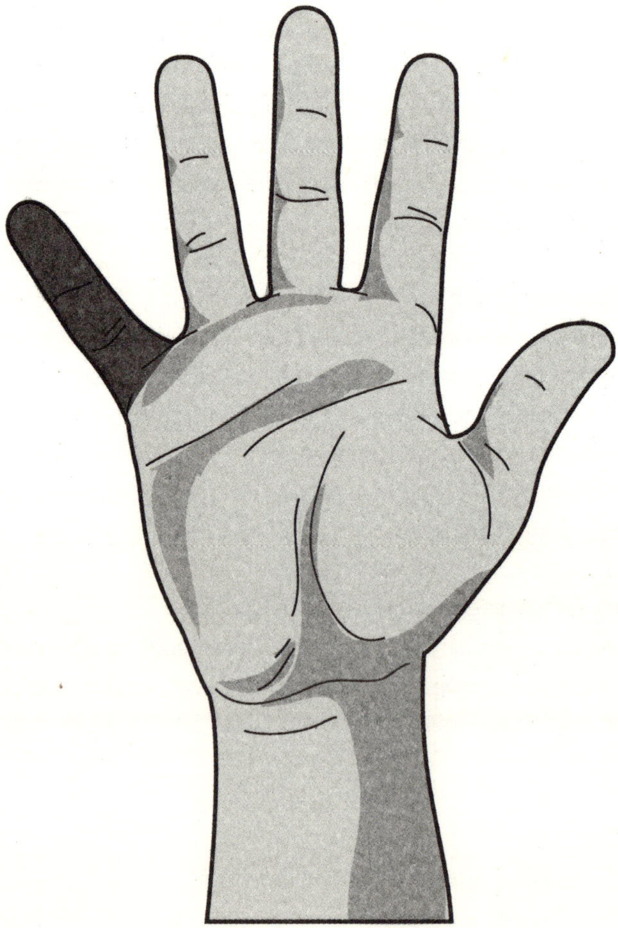

L'auriculaire moyen

C'est le doigt dont il est le plus difficile d'évaluer s'il est « normal » ou non. Les proportions de la main et la forme de celle-ci sont déterminantes pour estimer la taille du petit doigt. Il est forcément plus court que l'index et, généralement, la longueur des trois phalanges de l'auriculaire est équivalente aux deux phalanges mobiles du pouce. Il peut ainsi révéler un goût pour le voyage. Quand il est rectiligne, c'est un signe d'honnêteté intellectuelle. Quand il penche vers l'extérieur, il révèle un tempérament complexe et original, qui peut avoir du mal à se faire comprendre ou à se faire accepter.

L'auriculaire long

On considère que l'auriculaire est notablement long lorsque sa taille se rapproche de celle de l'index, ou s'il dépasse le pouce. Il laisse alors deviner une personnalité extrêmement douée pour la communication orale, pour les métiers ayant un lien avec le discours ou l'écoute, pour les carrières dans la finance et le commerce. Il peut aussi être interprété comme de la joie de vivre, une forte confiance en soi et un signe de bonne fortune.

L'auriculaire court

S'il arrive en dessous de l'articulation de la première phalange de l'index, ou s'il est particulièrement plus étroit que les autres doigts, il est un signal de manque de confiance, de problèmes d'expression, de difficultés d'apprentissage. Mais il peut aussi révéler un facteur chance en affaires.

Bagues et autres signes distinctifs

Porter une bague à ce doigt peut être révélateur d'un caractère précieux ou superstitieux. Dans l'ancien temps, les chiromanciens pensaient que l'auriculaire tordu était un signe de maladie mentale.

Que disent les lignes de la main ?

Nos mains sont comme des livres ouverts sur notre passé et notre avenir. La chiromancie parcourt les traits et les symboles en déchiffrant ces signes incompréhensibles au commun des mortels. Une bonne intuition est de mise !

Nos mains, nos doigts et les lignes révèlent différents aspects de notre personnalité.

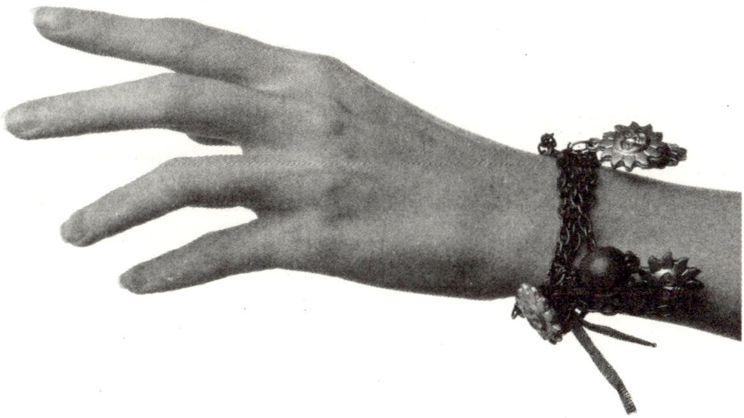

Par analogie avec les bijoux, les lignes du poignet appelées bracelets sont synonymes de prospérité.

La forme, la couleur, la douceur et la souplesse de la main donnent les premiers indices. Mais la réelle lecture commence lorsque le chiromancien se penche sur les dizaines de marques à la surface de la peau. On les appelle par convention « les lignes de la main », mais l'ensemble des signes cutanés comprend bien davantage que des traits et des rides. Anneaux, bracelets, étoiles, triangles, points, chaînes et croix sont autant de caractéristiques qui ont une signification précise et qui composent une grille de lecture pour les diseuses de bonne aventure. En apprenant la symbolique de chacune de ces particularités et en l'associant à la ligne ou au mont concerné sur la main d'un consultant, la lecture devient beaucoup plus facile et ludique !

Selon les périodes et les modes en chiromancie, le nom et le nombre des lignes principales ont évolué entre trois et six. Aujourd'hui, on admet trois lignes principales.

La ligne de vie résume à elle toute seule l'état actuel du consultant et les enjeux dans sa vie au moment où l'on décrypte celle-ci. Elle ne révèle pas la date de la mort de la personne à proprement parler, elle indique si l'individu a encore beaucoup de choses à vivre.
La ligne de cœur raconte les sentiments, les émotions, l'histoire relationnelle de chacun, mais aussi son appétit pour la vie, ses désirs et ses fantasmes. C'est la ligne des ingrédients du bonheur.
La ligne de tête renvoie à l'activité cérébrale, à la réflexion, à la philosophie et à la spiritualité mais aussi au sens logique, aux valeurs morales et matérielles. Lorsqu'elle est forte, elle guide le consultant tout au long de sa vie.
Il existe ensuite une multitude de lignes secondaires ou mineures. En fonction des références symboliques, elles renvoient à des concepts mythologiques, des qualités, des événements de la vie :
– la ligne de l'amour ;
– les lignes des enfants ;
– la ligne du soleil ;
– la ligne du destin ;

Les grilles sur la peau révèlent des blocages, des obstacles momentanément infranchissables.

– la ligne des malheurs ;
– la ligne de santé ;
– la ligne de réussite ;
– la ligne des procès ;
– la ligne des voyages ;
– la ligne de longévité ;
– les lignes lascives ;
– la ceinture de Vénus ;
– et quelques autres encore…

Anneaux et bracelets

Il n'est pas question de parler bijouterie, mais le vocabulaire employé pourrait être trompeur : anneaux et bracelets habillent nos mains sans que cela ne coûte un sou ! Les anneaux sont des arcs de cercle tendus à la base de chacun des doigts, sur le mont correspondant. Ils portent soit le nom du doigt concerné, soit celui d'une autre divinité aux propriétés particulières.

– L'anneau de Vénus ne se trouve pas sous le pouce, comme on pourrait le croire, mais à cheval sur le majeur et l'annulaire. S'il est très visible, il signale un don pour l'ésotérisme, sinon, il peut être lu en complément de la ligne de mariage.

– L'anneau de Salomon se trouve à la base de l'index. Sa présence évoque une personnalité sage et stable.

– L'anneau de Saturne se place sous le doigt et sur le mont du même nom. Le majeur étant le doigt du savoir, c'est un signal de grandes capacités d'étude et de recherche.

La ceinture de Vénus

Si la ligne de cœur ne parcourt pas la paume dans toute sa largeur, il y a de fortes chances pour qu'on y trouve la ceinture de Vénus. C'est une ligne ou un faisceau de traits qui est située entre la ligne de cœur et le bord de la main. Elle peut être interprétée comme un signe d'émotivité : plus elle semble touffue, dédoublée ou striée, plus la personne aura tendance à se laisser dominer par ses émotions. En revanche, si elle interrompt la ligne de cœur, c'est un symbole de confusion sentimentale.

– L'anneau d'Apollon est à l'annulaire comme une alliance. Sa présence indique que la personne est « bonne à marier », autrement dit prête à vivre le grand amour et à accueillir son âme sœur.

Les bracelets recouvrent une série de lignes qui ne sont pas sur la paume de la main. On les trouve sur le poignet, sous l'articulation. Peu visible à certains âges, ce sont aussi des lignes qui disparaissent facilement chez les personnes en surpoids. Leur absence n'est donc absolument pas négative en général, mais leur présence peut donner des indices précieux au chiromancien. Elles sont également appelées « rascettes », d'après un mot de vieux français qui a aussi donné naissance à « raquettes », et interprétées comme un signe de bien-être et d'accomplissement personnel. Parmi ces lignes, on trouve :

– la ligne de longévité. C'est la première des lignes juste sous le poignet. Sa longueur permet de donner une espérance de vie ;

– le bracelet de la santé. Juste en dessous, rarement visible. Plus il est long, plus il indique une bonne condition physique ;

Semblables aux nervures d'une feuille, les rameaux sont synonymes d'opulence et d'épanouissement.

– le bracelet de la richesse. Plus il est marqué, plus la personne a de la fortune. S'il est en pointillés, il signale des coups de chance ;
– le bracelet du bonheur. Tous les chiromanciens le cherchent, mais peu nombreux sont ceux à en avoir vus !

Signes cabalistiques

Toutes ces sortes de lignes et les monts sont parsemés de signes cabalistiques aux multiples significations. Au premier rang, la croix est la plus facile à reconnaître. Elle se matérialise soit sous la forme de deux traits entrecroisés ou bien lorsqu'une ligne est barrée par un petit trait perpendiculaire. Elle indique souvent un événement, heureux ou malheureux, dans le domaine concerné. Ainsi, une croix au milieu de la ligne de cœur peut faire penser à une relation particulièrement importante ou à un mariage. On dit aussi qu'une croix à la fin de la ligne de vie annonce une mort brutale. Lorsqu'elle est bien visible au milieu d'un mont, elle prend un sens généralement négatif : malchance en amour sur le mont d'Apollon, difficultés dans les études sur le mont de Saturne… Mais ces signaux peuvent être contredits par d'autres aspects de la main, il ne faut pas se contenter de chercher les croix pour lister les problèmes du consultant !
L'étoile est un dérivé de la croix, mais avec au moins cinq branches. Les lignes qui la constituent peuvent ne pas être perpendiculaires les unes aux autres. Son interprétation est donc plus subtile, moins catégorique que celle de la croix. Elle signale en général un événement proche, une opportunité sur le point de se concrétiser, une décision qui ne dépend pas du consultant. Elle

Les rameaux

Certaines lignes ont une particularité : une multitude de petites lignes partent de son dessin, comme un rameau ou comme les nervures d'une feuille d'arbre. Rares et recherchés par les chiromanciens, ils annoncent une très grande prospérité dans le domaine concerné par la ligne en question. Mais s'ils se trouvent uniquement en début de ligne ou sur la main du passé du consultant, il faudra voir cela comme la fin d'une période favorable, comme un bonheur disparu à jamais.

est particulièrement positive sur le mont de Jupiter : succès, promotion, rentrée d'argent... À l'opposé, une étoile sur le mont d'Apollon annonce une renommée bafouée, un honneur sali... Enfin, lorsqu'elle est visible sur une des phalanges, elle annonce un danger imminent dans le domaine concerné par ce doigt en question.

Figures géométriques

Parmi les formes que l'on peut parfois reconnaître sur une main, on trouve plusieurs sortes de figures plus ou moins inspirées de la géométrie.

– Le carré. Un signe extrêmement positif. Lorsque les lignes principales ou des lignes fortement marquées tracent un carré, c'est le signe d'une grande force intérieure et d'un destin sous contrôle. Mais si c'est un petit carré sur le mont de Vénus, les chances en amour seront très faibles.

– Le rond. Très rare, c'est une succession de lignes qui trace un cercle ou une zone colorée différemment parfaitement ronde. Il annonce un grand succès : quelle ligne ou quel mont se trouvent à cet endroit ? La question posée par le consultant est-elle en rapport avec cette figure de bonne fortune ?

– Le triangle. Au croisement de deux lignes principales, ou lorsqu'une petite transversale vient délimiter une zone sur la paume, les monts ou les phalanges. Il concerne le domaine des sciences, de la réflexion, de la connaissance et de la compréhension du monde. S'il se trouve sur le mont de Mercure, il évoque des aptitudes aux sciences exactes et aux techniques avancées. Sur le mont de Jupiter, il prédit un succès dans le domaine social, public, politique ou diplomatique. Mais s'il est à l'envers sous le majeur, il dénonce un caractère superstitieux voire maléfique.

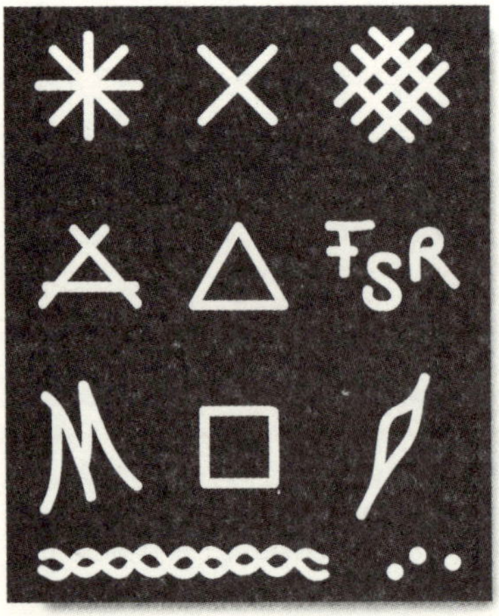

Les lignes peuvent présenter différentes marques : étoiles, triangles, points, chaînes et croix...

– Le point. Matérialisé par un petit trou dans la peau ou par une marque nette.

Généralement, il est considéré comme annonciateur d'une douleur physique ou psychologique. Les circonstances et les risques encourus peuvent être précisés par le contexte de cette marque : sur le mont de Vénus, il concernera plutôt le domaine amoureux ou physique ; sur le mont de Jupiter, il sera plutôt question d'un problème professionnel ou administratif.

Les chaînes de l'amour et de l'aventure

Les lignes sont parfois constituées d'une suite d'alvéoles plus ou moins allongés, en amande : on appelle chacun de ces petits compartiments une île, et leur ensemble une chaîne. Ces éléments très importants, mais assez difficiles à lire, aident le chiromancien à comprendre les différentes périodes de la vie du consultant : trois ou quatre îles sur la ligne de cœur symboliseront les histoires importantes au cours de la vie de la personne. Quelques îles sur la ligne de vie pourront signaler des périodes de fatigue ou de maladie. Enfin, sur la ligne de tête, elles représenteront des phases de doute ou au contraire des moments où tout s'éclaircit et redevient limpide dans l'esprit du consultant. Si les lignes principales ne sont formées que de chaînes, cela annonce une vie pleine de rebondissements mais avec aussi leur lot de difficultés. À l'opposé, l'absence d'îles laisse présager un destin sans accroc ni accident, mais manquant peut-être d'excitation ou d'aventure. Ce ne sont que des tendances, des impressions générales et il faut à tout prix éviter de se cantonner à compter ces caractéristiques dans l'espoir de trouver une réponse à tout. Le destin de chacun reste toujours à écrire au présent.

Les grilles

Comme lorsqu'on porte un tissu trop serré, certaines mains portent par endroits des « grilles », marques régulières en deux dimensions qui évoquent un quadrillage. Leur apparition est généralement passagère. On les associe traditionnellement à des obstacles, à des difficultés ou à des défauts personnels. Sur le plan du caractère, les chiromanciens considèrent qu'un mont de Vénus avec cette caractéristique annonce une grande nervosité chez le consultant ou une personnalité instable.

Les lignes majeures

Au nombre de trois, ce sont les plus connues de toutes : la ligne de vie, la ligne de cœur et la ligne de tête forment le groupe des « lignes majeures ». Elles sont à la fois la porte d'entrée et l'essentiel de la chiromancie.

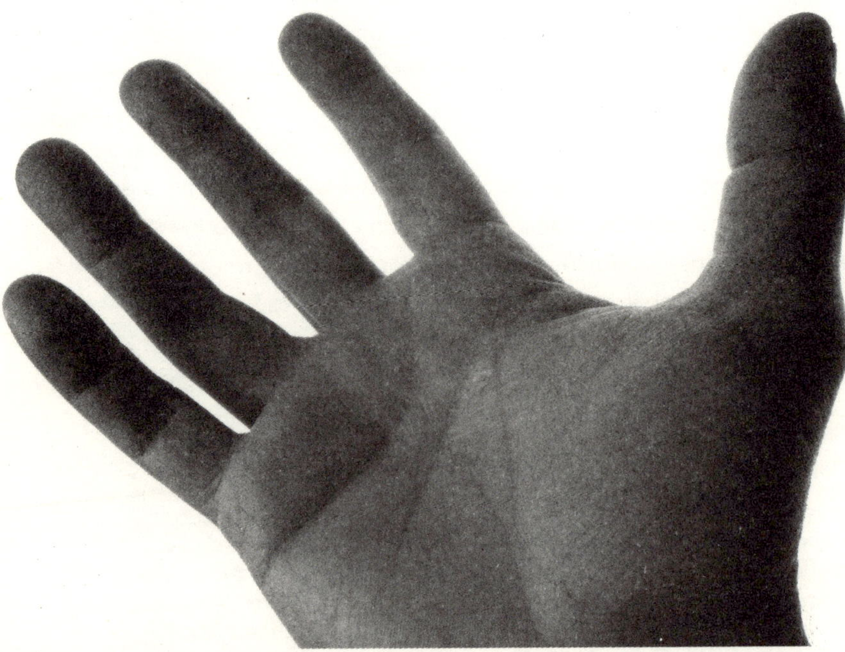

Les trois lignes majeures sont la ligne de vie, la ligne de tête et la ligne de cœur.

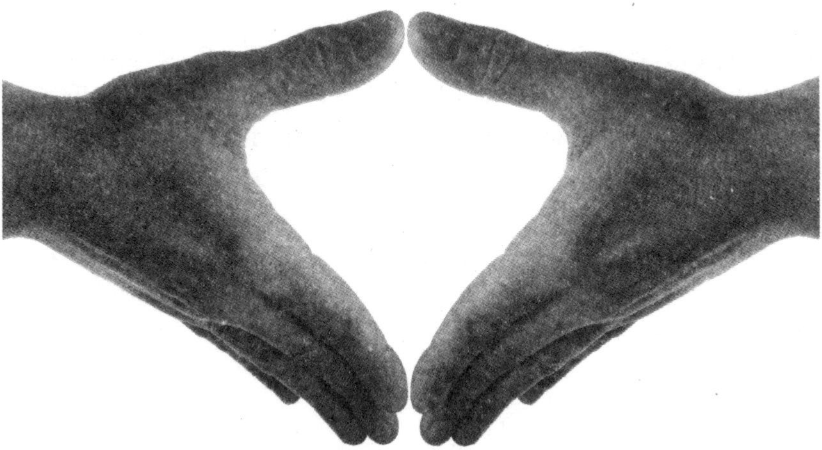

La ligne de cœur donne des informations sur la vie amoureuse et les émotions du consultant.

Si ces trois lignes sont les lignes de la main les plus connues, c'est avant tout parce qu'elles sont très facilement identifiables et présentes sur toutes les mains. Ou presque !
La légende dit que la ligne de vie est la première à se former sur la main de l'embryon, et qu'elle continue de « pousser » tout au long de la vie des individus. Il est bien sûr impossible de prédire la mort de quelqu'un rien qu'en regardant sa ligne de vie. De très nombreux autres facteurs, tels que la maladie et la chance, peuvent influer sur la destinée d'une personne. Tous les bons chiromanciens s'interdisent de donner des dates concernant la fin de vie, seuls les charlatans et les plus cruels s'aventurent sur ce terrain morbide.

On croit souvent à tort que la ligne de tête est simplement synonyme d'intelligence. C'est pourtant beaucoup plus compliqué qu'il n'en a l'air. Nous utilisons consciemment seulement une portion de nos capacités mentales et la chiromancie ne mesure pas exactement cela : la ligne de tête révèle notre capacité à envisager le monde sous l'angle de l'analyse et de la compréhension. Une ligne longue ne signifie pas que la personne sera forcément un grand chercheur, tout comme une ligne courte ne condamne pas le consultant aux travaux manuels !

Lorsqu'on étudie la ligne de cœur, on peut à la fois y lire des indications sur la personnalité émotionnelle de la personne et sur son destin amoureux, mais aussi bien d'autres choses : elle permet de mesurer le degré d'inventivité et de spontanéité du consultant, ou au contraire ses tendances au conservatisme. Enfin, à l'aide d'une analyse comparée du mont de Vénus et du mont de la Lune, elle permet de soulever le mystère autour de la sexualité de

La ligne de tête révèle nos capacités intellectuelles et notre sens logique.

l'individu. Libido et pouvoir de séduction font bon ménage, c'est souvent ce que les mains un peu potelées révèlent à leur insu !

La ligne de vie

La ligne de vie se forme entre le pouce et l'index. Elle est généralement bien marquée à sa base, et parfois le pli peut faire le tour de la main, trouvant son origine sur le dessus. Les personnes âgées ont généralement une ligne de vie très prononcée, au creux sombre et presque noir par endroits. Chez certaines personnes, la ligne de vie et la ligne de tête se rejoignent à leur base, cela dénote souvent un tempérament cérébral, un regard intellectuel sur les choses. À l'opposé, si cette ligne commence près du pouce ou au milieu du mont de Vénus, cela révèle une personnalité tournée sur elle-même ou une tendance à l'inhibition.

En général, son tracé contourne le mont de Vénus, à la base du pouce, en formant un large arc de cercle plus ou moins régulier jusqu'au poignet. On dit que plus la zone délimitée entre la ligne de vie et le pouce est grande, plus l'énergie vitale de la personne est grande. Vitalité et solidité physique sont au rendez-vous. En revanche, lorsque le dessin de la ligne est tremblant ou lorsqu'il est en pointillés, on estime que la santé est un domaine à surveiller de plus près, l'endurance n'est pas très bonne.

Cette ligne est très représentative du destin général de la vie d'une personne, mais c'est par ces caractéristiques qu'elle communique ses secrets. Les croisements avec d'autres lignes indiquent un succès dans le domaine concerné, elle annonce aussi les événements majeurs de la vie du consultant. Enfin sa

La ligne simienne

C'est un cas particulier très recherché des chiromanciens qui adorent se livrer à son observation : lorsque la ligne de cœur et la ligne de tête ne font qu'une, on l'appelle la « ligne simienne ». Elle peut soit révéler un caractère profondément contradictoire, voire tourmenté, soit, à l'opposé, une personnalité profondément en harmonie avec elle-même et le monde.
Ce sont souvent des personnes qui trouvent un sens à leur vie au terme d'expériences très fortes et déterminantes.

couleur changeante permet d'établir d'un coup d'œil rapide un diagnostic du bien-être de la personne : quand elle est lumineuse, le dynamisme est bel et bien là. Et quand elle devient grise, le moral n'est pas au top !

La ligne de tête

Cette ligne majeure a en effet deux lectures différentes.

– Au niveau conceptuel : généralement, une ligne fine et bien tracée révèle une grande capacité de raisonnement abstrait, de compréhension mathématique des choses. Mais un dessin moins rectiligne, bien que net, peut aussi dévoiler un caractère imaginatif, une grande créativité et souplesse d'esprit.

– Au niveau pratique : la ligne de tête n'est pas seulement la ligne de l'intellect, c'est aussi la ligne de l'action constructive, du courage et de l'envie d'aller de l'avant. Elle permet de cerner la volonté du consultant, sa motivation et son sérieux. Une ligne qui part en s'effilochant est par exemple souvent le

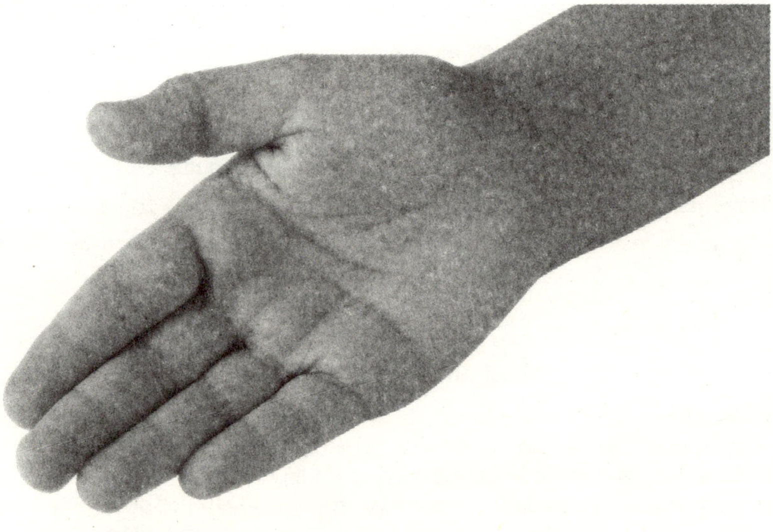

Étant la première qui apparaît sur les mains, la ligne de vie est très visible chez les enfants.

signe d'un sens des responsabilités tout relatif. On considère en général que les lignes longues correspondent plutôt au profil intellectuel et que les lignes courtes montrent un caractère plus pragmatique mais l'inverse peut aussi être vrai. Lorsque la ligne est très longue et très fine, qu'elle semble barrer littéralement la paume de la main, on peut déceler de l'avarice, une tendance à la possessivité, voire à la cleptomanie ou à la malhonnêteté. Mais les bons chiromanciens savent bien que les tendances profondes lues dans les lignes de la main ne sont rien sans l'analyse des qualités morales de la personne et la valeur de ses motivations.

Une ligne de tête bien marquée est le signal que la personne est à l'écoute d'elle-même. En cela, c'est la ligne de la raison plus que de l'intelligence : un individu qui est conscient de lui, de ses atouts et de ses erreurs est davantage capable de faire face aux événements de la vie. En effet, la sagesse se cache au creux de la main !

La ligne de cœur

La ligne de cœur part en général entre le mont de Mercure et le mont de Mars, en direction opposée de la ligne de tête, pour s'arrêter quelque part entre l'annulaire et l'index. Connue pour les secrets amoureux qu'elle cache, la ligne de cœur possède un sens qui va bien au-delà des simples questions sentimentales. Elle révèle la sensibilité et les émotions, le plaisir et la peur, la capacité à ressentir le moment présent et à croire en l'avenir. C'est avant tout la ligne de l'amour de soi et de l'épanouissement personnel.

Droites ou courbes ?

La tendance générale tend à affirmer que les lignes majeures se « doivent » d'être incurvées. Trop rectilignes, les lignes de cœur, de tête et de vie renvoient à une personnalité rigide, à une existence sans fantaisie et à des chances de succès limitées. La joie de vivre et l'épanouissement semblent être du côté des courbes... Mais chacun réagit différemment face au plaisir et les ingrédients du bonheur ne sont pas les mêmes pour tous ! Pour certains, les valeurs morales sont plus importantes.

Plus la terminaison de la ligne est éloignée du bord de la main ou de la base d'un doigt, plus elle révèle un esprit généreux et de la joie de vivre. Pour bien comprendre dans quel domaine elle inspire confiance, il faut bien regarder où la fin se situe : lorsqu'elle touche le mont de Vénus, elle donne chance en amour. Tandis que lorsqu'elle s'achève entre l'index et le majeur, elle peut être interprétée comme un signe d'objectivité, de regard lucide sur vos relations sentimentales. Une personnalité peut-être moins passionnée que d'autres, mais pour autant tout aussi sincère ! Pour la comprendre sur le plan physique, il faut étudier de près son dessin et sa couleur. Plus elle est large, plus elle indique une condition solide et une santé cardiaque à toute épreuve. Lorsqu'elle est bien rouge, la ligne de cœur est le signe d'un penchant pour les sports de vitesse et pour les émotions fortes. Au contraire, lorsqu'elle est blanche ou pâle, la personne sera plus calme, plus modérée. La couleur de la ligne indique ainsi si la personne a beaucoup besoin de sommeil : clair, c'est oui ; foncé, à vous les nuits blanches !

Lorsque les lignes majeures font défaut...

Quel chiromancien n'a pas vu débarquer dans son cabinet un consultant en panique : « Ma ligne de vie a disparu, je vais mourir ! », ou encore « Je n'ai jamais eu de ligne de tête, c'est pour cela que je ne comprends rien à la

Dans tous les arts divinatoires, un bon voyant n'est censé se prononcer sur la mort de quiconque.

vie ! »... Tout d'abord, il est important de préciser à nouveau que l'absence de certaines lignes n'est pas un handicap physique ni le signe d'un destin funeste et abominable. Chaque main est différente et les marques de la peau changent tout au cours de la vie. Une disparition n'est peut-être pas définitive, ou le fait que telle ligne n'ait jamais été clairement définie au creux de la main ne veut pas dire qu'elle n'est pas présente d'une façon ou d'une autre. Certains points, certaines croix peuvent tout à fait définir le parcours même parcellaire d'une ligne importante qui semble absente.

Lorsqu'elle est absente, la ligne de vie peut avoir deux significations diamétralement opposées : dans un sens, on peut lire ce manque comme le signe d'une santé très faible ou d'une maladie très grave, mais elle peut aussi être tout à fait le symbole d'une protection forte qui agit sur la personne. La forme du mont de Vénus est à ce titre primordiale : si elle est ferme et rebondie, la santé ne semblera pas être en danger.

La ligne de tête effacée peut être compensée par les qualités lues dans d'autres lignes très importantes sur le plan intellectuel : la ligne de Mercure et la ligne de réussite sont des exemples importants. Leur présence et leur signification peuvent expliquer à la fois l'absence de la ligne de tête, voire compenser le manque de lucidité par d'autres qualités morales et mentales comme la concentration, l'obstination, la droiture... Il est excessivement rare que la ligne de cœur soit complètement invisible dans les deux mains du consultant. Son effacement est souvent synonyme de difficultés affectives. Mais le parcours d'une vie d'une personne ne tient pas seulement dans les émotions qu'elle ressent à un instant précis ; des indices, comme de simples croix, permettent souvent de percevoir les histoires à venir.

Les grands croisements

Lorsque ces trois lignes se croisent, tout peut changer !

– Ligne de vie et ligne de tête : tempérament intellectuel très prononcé, intérêt pour la philosophie ou pour les sciences occultes.

– Ligne de tête et ligne de cœur : conflits entre les sentiments et la raison, recherche de l'harmonie entre le corps et l'esprit.

– Ligne de cœur et ligne de vie : cette configuration extrêmement rare dénote une très grande générosité, bien souvent héritée de difficultés ou de traumatismes vécus par le passé.

Les lignes mineures

Selon les périodes et les styles de chiromancie, les lignes mineures changent de nombre et de nom… Nous avons choisi les plus faciles à repérer et les plus explicites quant à leur interprétation. Décryptage.

La ligne de longévité permet d'estimer l'espérance de vie d'une personne.

La ligne de l'amour et les lignes lascives permettent d'en savoir plus sur le plan sentimental.

Au-delà des vibrations générales que le chiromancien perçoit lorsqu'il examine les mains d'une personne pour la première fois, c'est par l'étude des lignes mineures qu'il parvient souvent à déceler les éléments cruciaux d'une consultation. Que ce soit dans le cadre d'une voyance généraliste ou par rapport à une question précise, chacune des lignes mineures peut apporter son lot de réponses, donnant des indications de temps ou de gravité en fonction du domaine abordé. La ligne d'amour et les lignes des enfants font l'objet d'une interprétation particulière dans le cas de questions sentimentales. La ligne du destin et la ligne du Soleil sont au cœur des interrogations dans la sphère professionnelle. Comme leur nom l'indique, la ligne de santé et les lignes de maladie apportent explications et éclaircissements sur le plan du bien-être et de l'énergie vitale. Enfin, « procès » et « voyages » sont les noms des deux dernières lignes mineures que nous vous présentons : elles permettent d'alléger les réponses en exposant les solutions à venir et les moments de détente.

L'amour et ce qui s'ensuit

La première des lignes mineures que l'on recherche souvent est la ligne de l'amour. Si la ligne de cœur est utile pour connaître l'état et le destin émotionnel du consultant, cette petite ligne apporte bien des réponses sur l'histoire relationnelle de la personne. Elle trouve son origine sous l'auriculaire et se prolonge en général vers le centre de la main, en croisant la ligne de cœur. Rarement rectiligne, elle se devine le plus souvent en pointillés, parfois désaxés les uns par rapport aux autres. Elle raconte les histoires importantes tout au long de la vie, c'est pourquoi elle peut être très changeante au cours de l'existence : une histoire très importante à 20 ans pourra être clairement visible, jusqu'au jour où une union très heureuse vient effacer ce souvenir quelques

La ligne des voyages peut donner des indications sur un déplacement prochain ou un changement.

décennies plus tard... Plus elle est profondément marquée, plus cela est le signe de la solidité des relations. Le tout est de savoir interpréter l'échelle de temps, ce qui est toujours le plus difficile !

Souvent, après les interrogations maritales et amoureuses, vient la question de « faire des bébés »... Les lignes des enfants sont sans doute les lignes mineures les plus connues : même dans les cours d'école, les apprentis chiromanciens s'amusent à compter le nombre de petits plis sous l'auriculaire, sur le mont de Mercure ou juste à côté. Il est préférable de lire ces lignes la main ouverte, et non pas le poing fermé comme on le pense parfois. Il s'agit de compter les lignes profondément inscrites dans la peau, pas les froncements de l'épiderme. L'interprétation peut alors prendre plusieurs sens : le nombre d'enfants que l'on procréera réellement, ou le nombre de relations avec une personne plus jeune dans lesquelles le consultant investira des valeurs parentales. Les lignes très courtes peuvent évoquer des difficultés à concevoir, des fausses couches, des enfants malades en bas âge.

Opportunités et difficultés

Selon les périodes et les modes, cette même ligne a porté deux noms différents : « ligne du Soleil » dans les versions plus anciennes ou « ligne d'Apollon » dans le vocabulaire moderne de la chiromancie. Elle parcourt la paume de la main sur sa moitié extérieure, en direction de l'annulaire également appelé « doigt d'Apollon », allant parfois jusqu'à toucher ou croiser ces petites lignes que l'on appelle les « rascettes ». On la lit traditionnellement comme la ligne du succès et de la reconnaissance, de l'accomplissement personnel

Les rascettes

Saviez-vous que le mot « raquette » découle de ces « rascettes » ? Ces trois ou quatre lignes parallèles tracées en bracelet au niveau du poignet sont parois considérées comme le signe d'une vie pleine de bonheur et d'insouciance, comme un symbole de plénitude. Si une croix est marquée sur l'une de ces lignes, c'est un signe de fidélité en amour ou en affaires. Autrefois, les rascettes étaient interprétées en réponse aux questions sur l'honneur et la réputation personnelle.

ou professionnel. Elle ne donne aucune indication sur les chances de réussite, mais plutôt sur les capacités du consultant à aller vers ce qui lui réussit. N'étant pas présente sur toutes les mains, plus la ligne est marquée, plus elle est le signe de confiance en soi et d'une soif de triomphe.
La ligne du destin est une ligne très importante de la littérature chiromancienne, mais elle reste considérée comme mineure car elle n'apparaît pas sur une majorité de mains. Elle aide grandement l'interprétation quand elle est présente, apportant des indications de temps et de durée de vie. Elle débute généralement au niveau du poignet, sur les rascettes, et se prolonge au milieu de la main. Mais elle peut aussi être courte : soit sur la moitié inférieure de la paume, soit au milieu du poignet. Certains chiromanciens prétendent que

L'étude de la ligne des procès permet de pressentir la résolution d'un conflit.

plus elle est profonde, plus le consultant est en contrôle de son destin. La direction de la ligne vers d'autres éléments caractéristiques de la main indique le but ultime recherché par la personne. Par exemple, vers le mont de Mercure, ce sera la communication et la sociabilité ; au milieu de la plaine de Mars, le consultant est en quête d'harmonie personnelle…

Souffrances morales et physiques

La ligne des malheurs est souvent lue en comparaison avec la ligne du destin : avec une analyse fine et précise, on peut en effet arriver à déterminer les périodes tristes et les avancées dans la vie du consultant. Ce sont des petits traits plus ou moins parallèles qui se situent à cheval sur le mont de Vénus, parfois sur la ligne de vie. Elles peuvent aussi se situer plus au milieu de la paume, autour de la ligne de tête : cela est souvent une indication de problèmes d'ordre psychologique, d'un caractère mélancolique. Parfois appelées « lignes des chagrins », elles ne révèlent pas forcément un événement dramatique, mais des épreuves personnelles, des moments de blocage ou des obstacles intérieurs comme des secrets trop lourds à porter. Si l'une de ces lignes se prolonge jusqu'à la ligne du cœur, c'est mauvais signe sur le plan de la santé.

Mais avant de se prononcer sur l'état physique du consultant, il faut d'abord s'intéresser de plus près à la ligne de santé. Son point de départ se situe généralement sur le mont de Mercure, ou entre l'auriculaire et l'annulaire, et elle parcourt la paume de la main en travers, parfois jusqu'au pouce ou sur le mont de Vénus. Sa clarté et sa brillance, voire son absence, sont des

Les lignes lascives

Avec un nom pareil, la lecture de ces lignes semble nous promettre de la luxure et de la débauche ! On les appelles également « la Voie lactée » dans certains guides de chiromancie. Entre le mont de la Lune et la ligne de Soleil, ce sont des marques, croix et points qui révèlent le tempérament amoureux du consultant : plus c'est rouge, plus c'est chaud ! Au contraire, si la peau est douce et lisse, c'est le signe d'une grande tendresse et d'un goût prononcé pour les câlins.

indicateurs de bonne santé. En revanche, si elle est sombre ou profonde, c'est le signe que la condition physique du consultant n'est pas bonne à cet instant. De plus, les traitements médicaux provoquent souvent des changements au niveau de la peau, de sa couleur et de son élasticité, et c'est sur cette ligne qu'on les voit sans doute le mieux. Si la main présente en plus des petits traits perpendiculaires à la ligne de santé, on peut alors déterminer le nombre d'affections graves et de rechutes au long de la vie de la personne.

Des solutions concrètes

Avant de passer à des aspects de l'existence plus réjouissants, la ligne des procès est une caractéristique intéressante à étudier. On appelle ainsi cet ensemble de petites marques visibles situé sur la ligne de destin ou au croisement avec la ligne de santé. En grand nombre, il faut croire alors que la personne aura beaucoup de soucis avec la justice au cours de sa vie, pas forcément du côté des accusés mais parfois en tant que victime. La gravité de ces événements est déterminée par la profondeur et la couleur des croix. Lorsque le tracé est bien net, c'est généralement le signe que les décisions finales seront en la faveur du consultant. Enfin, cette ligne peut aussi être lue très différemment si on a affaire à un avocat ou à un membre des forces de

Ligne du Soleil et ligne du destin mettent en lumière les périodes de bonheur.

l'ordre. En fonction de l'activité professionnelle, la ligne des procès prend alors sa signification dans le domaine administratif.
Un peu comme les lignes des enfants, la ligne des voyages démarre sur la tranche de la main, au niveau du mont de la Lune, et s'arrête généralement avant la plaine de Mars. Cette ligne est également l'une des plus « mobiles » de la main de l'homme : elle apparaît et disparaît au fil de la vie comme par enchantement, rythmant les déplacements et les phases plus sédentaires. La ligne peut être en pointillés ou en amas de petits traits plus ou moins parallèles : c'est le signe que le consultant a la bougeotte, qu'il aime découvrir de nouveaux endroits. Elle est souvent invisible lorsque la personne parcourt peu de distance dans sa vie quotidienne. Lorsqu'elle apparaît au moment de l'organisation d'un voyage, elle indique sa réussite. Si elle croise la ligne de destin, c'est le signe que des changements importants vont intervenir dans la vie du consultant.
Il est parfois très difficile de bien faire la distinction entre toutes ces lignes peu marquées. Seule une observation minutieuse d'un grand nombre de mains permet de bien saisir toutes les nuances, tous les cas de figure. En effet, au contraire des lignes majeures, les lignes mineures ne se trouvent pas souvent au même endroit d'un individu à l'autre. Alors que la ligne de cœur est quasiment toujours sous les trois derniers doigts de la main, la ligne de Soleil peut se trouver aussi bien près de la tranche ou en travers de la paume. Il ne faut pas alors la confondre avec la ligne de destin, par exemple. C'est par une connaissance des différents schémas que les chiromanciens parviennent à nous épater à chaque fois, en voyant le plus juste !

La ligne de longévité

On a pendant longtemps confondu la ligne de longévité avec les rascettes, considérant que le bonheur était obligatoirement lié à la durée de vie. Mais le dernier des bracelets du poignet, à la base de l'avant-bras, n'est pas une ligne parmi les autres, c'est une véritable signature épidermique de la date limite de consommation du consultant : même si la mort n'est pas au rendez-vous, passé une certaine date, la vie ne sera plus comme avant... On estime sa longueur par tranches de 30 ans.

EDITIONS ESI

60, rue Vitruve 75020 Paris

Textes : Perceval

Illustration de couverture : Irina Sarnavska / Lenivitz Production

Imprimé par Printer Portuguesa à Rio de Mouro – Portugal

ISBN : 978-2-8226-0151-1 – N° Sofédis : S505807